汽车装配与调试技术

主 编　任文强　李　鑫　宋建民
副主编　刘佳林　蔡朋赛　张　翔
主 审　田永江　弓建海

北京理工大学出版社
BEIJING INSTITUTE OF TECHNOLOGY PRESS

版权专有　侵权必究

图书在版编目(CIP)数据

汽车装配与调试技术／任文强，李鑫，宋建民主编. —北京：北京理工大学出版社，2023.1 重印
ISBN 978-7-5682-6634-5

Ⅰ.①汽… Ⅱ.①任… ②李… ③宋… Ⅲ.①汽车—装配(机械)—高等职业教育—教材②汽车—调试方法—高等职业教育—教材　Ⅳ.①U463

中国版本图书馆 CIP 数据核字(2019)第 008850 号

出版发行／北京理工大学出版社有限责任公司
社　　址／北京市海淀区中关村南大街 5 号
邮　　编／100081
电　　话／(010)68914775(总编室)
　　　　　 (010)82562903(教材售后服务热线)
　　　　　 (010)68944723(其他图书服务热线)
网　　址／http：//www.bitpress.com.cn
经　　销／全国各地新华书店
印　　刷／定州市新华印刷有限公司
开　　本／787 毫米×1092 毫米　1/16
印　　张／11.5　　　　　　　　　　　　　　责任编辑／多海鹏
字　　数／272 千字　　　　　　　　　　　　文案编辑／孟祥雪
版　　次／2023 年 1 月第 1 版第 2 次印刷　　责任校对／周瑞红
定　　价／44.00 元　　　　　　　　　　　　责任印制／边心超

图书出现印装质量问题，请拨打售后服务热线，本社负责调换

序 言

随着我国汽车工业的迅速发展，汽车制造企业需要大量的制造、装配技工，各种新技术、新工艺在汽车上不断应用，促使汽车行业对汽车装配人员的素质、技术提出了越来越高的要求。为了使职业院校汽车制造专业学生以及汽车行业从业人员更好、更快地掌握汽车装配与调试技术，更好地服务和适应汽车行业发展需要，特编写本书。

本书以"以行业需求为导向，以能力为本位"的先进职业教育理念为指导，依据职业教育国家规划教材的要求进行编写，全书图文并茂，言简意赅，直观易懂，在内容上精心编排、设计，理论知识与实践操作相结合，非常有利于读者的学习和掌握。

根据汽车装配与调试等工作的相对独立性，本书分为汽车装配基础知识、汽车内饰装配、汽车电气设备装配与调试、汽车发动机装配与调试、汽车底盘装配与调试、质量检验与整车测试、总装生产现场管理共七个章节，涵盖了汽车装配与调试的基本工艺、装配流程中装配工具设备的正确使用，以及装配后的调试与质量检验。

本书在编写过程中力求深入浅出，密切联系工厂实际生产情况，结合汽车装配实训设备，以汽车装配知识学习、技能训练和装配工艺流程为主线，重点突出中等职业院校汽车制造专业理论知识学习与动手实践操作相结合的特色。

本书共分七章，其中任文强编写了第4、6章，李鑫编写了第1章，宋建民编写了第3章，刘佳林编写了第2章，蔡朋赛编写了第7章，张翔编写了第5章。全书由任文强统稿，由田永江、弓建海负责主审。编者和主审都来自于张家口机械工业学校。

由于编者水平及编写时间有限，书中难免存在不妥和错漏之处，恳请广大读者批评指正。

目录 CONTENTS

第1章　汽车装配基础知识　1
1.1　汽车装配基本概念　1
1.2　汽车装配流程介绍　6
1.3　常用装配生产组织形式　16
1.4　装配线工具设备的使用及调试　18

第2章　汽车内饰装配　22
2.1　内饰系统概述　22
2.2　仪表板系统　26
2.3　仪表板系统装配工艺流程　30
2.4　地面控制台装配　33
2.5　车门内饰装配　35
2.6　座椅及安全带装配　40

第3章　汽车电气设备装配与调试　44
3.1　电气设备装配概述　44
3.2　电气设备单向技能训练　47
3.3　电源与用电设备的装配及调试　52

第4章　汽车发动机装配与调试　58
4.1　发动机装配工艺　58
4.2　发动机装配线各工位操作　62

第5章　汽车底盘装配与调试　105
5.1　底盘装配流程及工艺概述　105
5.2　底盘设备单向技能训练　110
5.3　动力总成装配　117

第6章 质量检验与整车测试 125

6.1 认识汽车生产企业质量管理体系 125
6.2 汽车整车厂质量控制的基本知识 132
6.3 外观质量检验与静态调整 135
6.4 动态试验与调整 143

第7章 总装生产现场管理 156

7.1 6S 管理 157
7.2 定置管理 164
7.3 目视管理 169
7.4 看板管理 173

参考文献 178

第1章 汽车装配基础知识

1.1 汽车装配基本概念

汽车装配分为四大工艺（见图1-1），分别为冲压、焊装、涂装和总装，其中总装就是使汽车这个生产对象在数量、外观上发生变化的工艺过程。数量的变化表现为，在装配过程中，零部件、总成的数量在不断增加并相互有序地结合起来。外观的变化表现为零部件、总成之间有序结合后具有一定的相互位置关系，在流水线装配推进过程中，外形不断发生变化，最后组装成一辆完整的汽车。

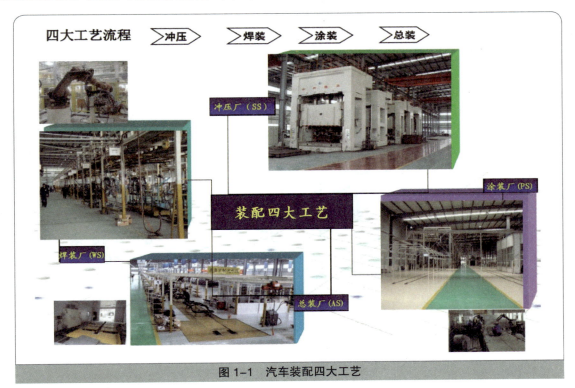

图1-1 汽车装配四大工艺

汽车装配作为汽车生产的最后一个阶段，其质量的好坏对汽车的使用性能和使用寿命影响很大。如果装配不当，即使所有的零部件都合格，也难以获得符合质量要求的产品。在汽车生产阶段，由于装配所花费的劳动量很大，占用的时间很多，因此对整个汽车生产任务的完成、劳动生产率的提高、产品成本和资金周转等都有直接影响。特别是近年来，在毛坯制造和机械加工方面已实现高度的机械化和自动化，产品成本不断降低，装配工作在整个汽车制造过程中所占劳动量和成本的比例越来越大。因此，不断提高装配工作的技术水平和劳动生产率对整个汽车工业的发展影响非常大。

1.1.1 汽车总装的定义

1. 汽车总装车间的特点

汽车总装作为最后一道工艺，对汽车的质量起到至关重要的作用。总体来讲，目前汽车总装车间基本具备下列特点：

（1）厂房的空间利用率高。

（2）物流的配送时间短，配送距离短；大件零件同步物流；台套制供货，有效防止错漏装。

（3）安全环保方面，采用 PRNET（新一代基于工业以太网技术的自动化总线标准）安全现场总线；流水线低噪声、低污染。

（4）大量采用电动工具，可以有效地保证紧固力矩。

（5）采用柔性合车，实现占地面积小、多节拍、多车型混流生产。

（6）加注设备采用三合一加注机，中央管道供液，节省线边物流面积。

（7）采用集成诊断模式，实现全面系统的 ECU 模块检查、平台化的检查终端，易于新车型改造。

（8）采用 UTE 系统，可以实现集数据传输、质量控制、零件追溯、可视化装灯于一体的网络。

2. 汽车装配工艺的特点

汽车装配过程是既定程序，是把已加工好的零件连接起来的工序的总和，以期得到完全符合规定技术要求的机构或机器。按装配过程的程度不同，其分为组装、部装和总装。其中，零件与零件的组合过程称为组装，其成品为组件；零件与组件的组合过程称为部装，其成品为部件；零件、组件和部件的组合过程称为总装，其成品为机器或产品。

由于汽车构造复杂，零部件及总成繁多，因而汽车总装配工作非常复杂，它除了具备装配所共有的地位和作用外，还有以下特点：

（1）连接方式多样。汽车总装配中的连接，一般情况下除了焊接方式外，其他连接方式几乎都有。但最多的连接是可拆式固定连接和可拆式活动连接，即螺纹连接、键连接和销连接。

（2）装配工作以手工作业为主。汽车的品种、数量繁多，装配关系复杂，装配位置多样，采用自动化作业的方式很难实现，由此决定了它仍以手工作业为主。

（3）大批量生产。一般来说，一个汽车制造厂的年产量应在几十万辆以上。而通常认为建设一个轿车厂的经济规模为年产量 15 万辆以上。所以，汽车制造厂是技术密集型、资金密集型的大批量生产企业，汽车总装配具有现代化企业大批量生产的特点，它是人与机、技术与管理的有机结合，是汽车制造厂展现先进技术和管理水平的"窗口"。

1.1.2 汽车装配工作的主要内容

汽车装配工作的内容很多，主要包括以下几个方面：

1. 清洗

清洗主要是为了保证和提高装配质量，延长产品的使用寿命。进入装配的零件必须先进行清洗，以除去在制造、储存、运输过程中所黏附的切屑、油脂和灰尘等。部件或总成在运转磨合后也要清洗。清洗时要合理选用清洗液、清洗方法及工艺参数。零件在清洗后，应具有一定的防锈能力。发动机曲轴清洗机如图1-2所示。

图1-2 发动机曲轴清洗机

2. 平衡

装配过程中有很多高速旋转件，如带轮、飞轮、曲轴、传动轴和轮胎总成等，装配后一定要进行平衡。特别是对于转速高、运转平稳性要求高的机器，对其零部件的平衡要求更为严格，平衡工作更为重要。旋转体的平衡方式有两种：静平衡和动平衡。对于旋转体零件，如飞轮，一般只进行静平衡。对于长度方向尺寸大的零件，如曲轴、传动轴等，必须进行动平衡。图1-3所示为轮胎动平衡试验仪。

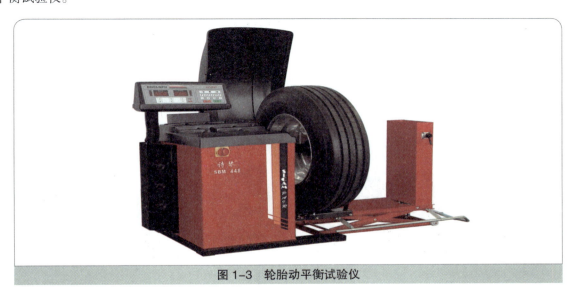

图1-3 轮胎动平衡试验仪

3. 过盈连接

机器中的轴孔配合，轴承和轴的连接，有很多要采用过盈连接。对于过盈连接，在装配前应保持配件表面的清洁。常用的过盈连接方法有压入法和热胀（或冷缩）法。压入法是在常温下将工件以一定的压力压入装配，有时会把配合表面微观不平度表面挤平，影响过盈量。压入法适用于过盈不大和要求不高的情况，需要专门的压入工具。重要的精密机器以及过盈量较大的连接，常用热胀（或冷缩）法，即装配前加热孔件或冷轴件，使过盈量减少或有间隙，然后进行装配的方法。

4. 螺纹连接

螺纹连接在汽车装配中被广泛采用。对螺纹连接的要求：

（1）螺栓杆部不产生弯曲变形，螺栓头部、螺纹底面与被连接件接触良好。

（2）被连接件应均匀受压，互相紧密贴合，连接牢固。

（3）根据被连接件形状、螺栓的分布情况，按一定顺序逐次（一般为2次）拧紧螺母。

螺纹连接的质量除受有关零件的加工精度影响外，还与装配技术有很大的关系。如拧紧的次序不对、施力不均，零件将产生变形；降低装配精度，造成漏油、漏气、漏水等现象。运动部件上的螺纹连接，若拧紧力矩达不到规定数值，则运动时会产生松动，影响装配质量，严重时会造成事故。因此，重要的螺纹连接，必须规定拧紧力矩并达到拧紧力的要求。图1-4和图1-5所示为螺钉、螺栓模拟实训。

图1-4 螺钉安装

图1-5 螺栓安装

5. 粘接

粘接的方法在汽车装配过程中应用也不少，内饰件中衬垫、隔声材料、车门内装饰护板，外饰件中风窗玻璃、车灯、标志等，都需要采用粘接的方法。粘接方法是：小件预先在车身上涂黏结剂（见图1-6），大件则在需要装配的零件上直接涂黏结剂，所使用的打胶机主要由高压空气泵、储胶罐、管子和喷枪等组成（见图1-7）。风窗玻璃装配的好坏直接影响着整车的密封。

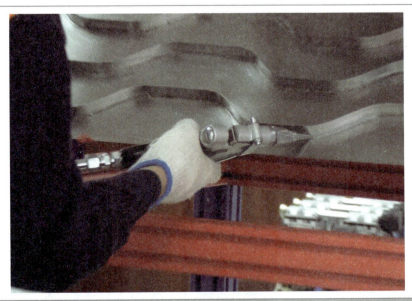

图1-6　涂黏结剂

图1-7　打胶机

6. 充注

充注工艺主要是指在装配时要注入发动机机油、变速器齿轮油、散热器冷却液、制动液、动力转向液压油、空调制冷剂、风窗玻璃洗涤液、燃油等各种汽车运行材料。发动机机油、变速器齿轮油、后桥齿轮油、动力转向液压油、制动液等油液设专门的液体库，并通过泵及管路供至加注点，由定量加注装置定量加注。燃油在厂房外设地下油库，并配有远距离供油系统，采用自动定量加注机加注。在轿车装配中，我国已普遍采用具有抽真空、自动检漏、自动定量加注等功能的加注机，以保证加注质量。

7. 校正调试

所谓校正，是指各零部件本身或相互之间位置的找正工作，而找正工作也是装配时常常要做的，主要是指装配作业尤其是流水作业，由于各种原因导致在线上零件没装配到位，只能到线下或适当的工位进行调整处理。

除上述装配工作的基本内容外，部件或总成以至于整个产品装配中和装配后的检验、试运转、涂装、包装等也属于装配工作。在编制装配工艺时，应充分考虑并予以安排。

1.2 汽车装配流程介绍

汽车总装是汽车全部制造工艺过程的最终环节，其流程是把经检验合格的数以千计的各类零件按照规定的精度标准和技术要求组合成总成、分总成、整车，并经严格的检测程序，确认其是否为合格的工艺过程。

1.2.1 汽车总装技术要求

汽车总装是汽车的最后一道工序，其装配质量的高低直接关系到整车产品质量的好坏。因此，在整车装配的过程中，必须达到下列技术要求。

1. 装配的完整性

汽车产品零件多，每个零件都有自己的作用，在装配时必须按照工艺文件的要求，将所有零部件、总成全部装上，不能有漏装、少装现象，特别要注意一些小零件的装配，如螺钉、平垫圈、弹簧垫圈、开口销的装配数量和装配质量。

2. 装配的统一性

下达生产指令，要按生产计划，对基本车型，按工艺要求进行装配，不得误装、错装和漏装。装配时必须满足：两车间装的同种车型统一、同一车间装的同种车型统一、同一工位装的同种车型统一，简称为"三统一"。

3. 装配的紧固性

汽车各部件的装配通过连接来实现，其中螺栓、螺母之间的连接最为普遍，汽车装配时所有螺栓、螺母的连接都具备一定的力矩要求。工艺文件上有规定：如果力矩超过规定值，将导致螺纹变形；如果力矩值不够大，将使装配件产生松动。所以，装配时必须达到工艺文件规定的力矩要求，应交叉紧固的必须交叉紧固，否则会造成装配不到位的现象，带来安全隐患。

4. 装配的润滑性

汽车上很多零件都是运动件，运动的机械零件一定要润滑。按照工艺要求，所有润滑部位必须加注定量的润滑油或润滑脂。如发动机，润滑油加注过少或漏加，发动机运转会造成烧瓦、抱轴等故障现象；加注过多，发动机运转时润滑油很容易窜到燃烧室，产生积炭。因此，加油量必须严格按照工艺要求的需要确定。

5. 装配的密封性

从运动机理和舒适性方面考虑，汽车上很多部件都需要密封，包括对液体的密封和气体的密封。主要包括：冷却系统的密封性，各接头不得漏水；燃油系统的密封性，各管路连接和燃油滤清器等件不得有漏油现象；各油封装配密封，装油封时，要将零件擦拭干净，涂好润滑油，轻轻装入，安装油封不使用刃口刀具，否则会产生漏油；空气管路装配密封，要求空气管路连接处必须均匀涂上一层密封胶，锥管接头要涂在螺纹上，管路连接胶管要涂在管箍接触面上，管路不得变形或歪斜。管路连接如图1-8所示。

图1-8 管路连接

1.2.2 汽车总装配厂的组成

1. 总装生产线组成及工艺特点

目前，轿车基本采用承载式车身，装配特点是以车身为装配基础件，所有总成、零部件都装载在车身上。因此，轿车装配是将车身内外饰和整车装配工作放在一条线上完成。轿车总装配线一般分成三个部分：内饰装配线、底盘装配线、整装线，如图1-9所示。

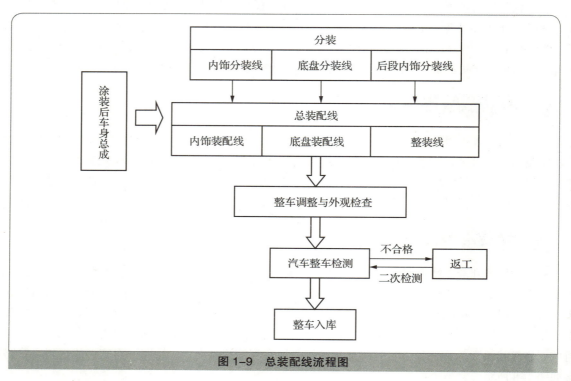

图1-9 总装配线流程图

（1）内饰装配线（见图1-10）。内饰装配线主要是车门的拆装、车身上线、工艺堵塞以及顶棚装饰板、风窗玻璃、仪表板、侧围内饰板、地毯、节气门拉线、发动机拉线、行李厢内饰、尾灯、燃油管、制动油管、刮水器及其电动机等部件的装配装饰工作。

图1-10 内饰装配线

为了保证总装配线实行混流生产，车身上线是由计算机进行控制的，每个车身上线前都贴有条形码，条形码内包含该车的车身号、流水号、车型、备件组织号以及与之配套的发动机型号等信息，从而保证整个总装配线的生产有条不紊地进行。

（2）底盘装配线（见图1-11）。底盘装配线主要进行前悬架、后悬架、油箱、发动机和变速器动力总成、减震器、传动轴、排气管、消声器、车轮等车底部件的装配。

根据车型结构不同，底盘部件装配可以采用模块化装配，即先将发动机与变速器总成、前悬架总成、发动机前托架（带三角臂、转向器、横向稳定杆等）、传动轴、排气管、油箱、后悬架等底盘部件分装好，然后安装并定位到合装小车上。合装小车在合装区与底盘装配线同步，通过小车上的液压举升装置，将分装好的底盘合件直接举升上线与车身合装。

图1-11 底盘装配线

（3）整装线（见图1-12）。整装线是指车身与底盘合装后进行的装配，主要进行前保险杠装配，座椅装配，前面罩及前照灯装配，车门装配，发动机各种管路连接，燃油制动液、冷却液及制冷剂等各种油液的加注工作及整车下线前的调整工作。

图1-12 整装线

2. 运行材料的加注

运行材料主要是为了保证汽车下线前能正常行驶而加注的燃油、制动液、冷却液和制冷剂等。为了保证加注质量，制动液、冷却液及制冷剂加注前需进行必要的检测和抽真空，具体方法如下：

（1）制动液加注（见图1-13）。由于制动系统内可能存在泄漏或者可能含有水分等杂质，因此加注制动液时应进行制动系统的渗漏检查。首先采用液氮扫气，干燥、净化汽车制动系统，然后分两次抽真空。第一次抽真空，达到一定的真空度后保持一定时间，如真空度变化不大，则表示没有渗漏。第二次抽真空进行制动液加注，如检查发现泄漏，则做上标记，并在返修区进行检查返修。制动液的加注由操作工自动检测加注完成。

图1-13　制动液加注

（2）冷却液加注（见图1-14）。在加注冷却液前，需进行油、水密封性检测。水循环系统的密封性检测，主要是检测散热器、水管、缸体水道及水泵的密封性。测试时，将水管塞头与散热器口相连，加压，并保持一段时间，无压力下降，则为正常，可以加注冷却液。在加注冷却液时需要进行抽真空，获得一定的真空度后方可加注。

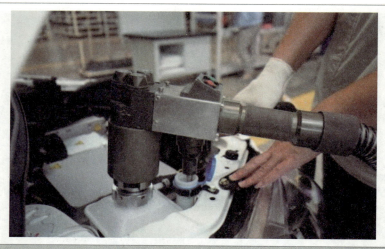

图1-14　冷却液加注

（3）制冷剂加注（见图1-15）。在加注制冷剂之前，要进行两次抽真空检测，一次氮气加压扫气，如无泄漏，则进行加注。第一次抽真空，达到一定的真空度后保持一定时间，若无明显变化，则说明无大的泄漏。继续抽真空，达到一定的真空度后保持一定时间，若无明显变化，则说明无小的泄漏，可以进行加压检测。液氮加压扫气的目的有两个：一是检测制冷系统有无由内向外的渗漏；二是扫除制冷系统内的潮湿空气，以便加注纯净干燥的制冷剂。加注时，将加注头接到制冷系统的高低压油管接头上，操作工只需启动自动检测加注循环程序，即可自动完成加注任务。

图1-15 制冷剂加注

（4）燃油加注。燃油的加注和加油站燃油加注的方法一样，燃油箱的密封性检查一般在汽车零部件制造环节进行，也就是说，上线的燃油箱都已经通过密封性检查并合格。燃油加注的量各个厂家都有一定的标准，通常是5 L左右。

3. 分装线组成及工艺特点

分装线又叫部装线，是指制造厂在进行装配时，为了节约生产节拍的时间，部分零部件总成可以在装配车间内或装配车间外单独组成部件装配线。分装线主要包括：仪表板总成分装线、车门分装线、车轮总成分装线、发动机与变速器动力总成分装线、风窗玻璃分装线等。

（1）仪表板总成分装线（见图1-16）。目前，仪表板总成分装线主要采用两种方式：一种是空中悬挂式；另一种是地面式。空中悬挂式一般采用带吊具的普通悬挂输送机或积放式悬挂输送机；地面式一般采用带随行夹具且高出地面的双链牵引输送链。同时，为了操作方便，随行夹具可按需转一定角度，并设有定位机构。在分线上配有线束检测仪。

仪表板总成分装线上分装部件一般包括仪表板框架、仪表板线束、组合仪表、组合开关、CD机、转向柱、空鼓风机、暖风热交换器、蒸发器及壳体总成等。仪表板分装完成后，需要采用线束检测仪100%进行仪表板功能检测，检测仪表板功能是否正常。检测时，将仪表板总成的相关线束插头接上对应的仪表板线束检测仪接口，启动检测按钮，即可逐项检测转向、灯光、报警等功能。检测完毕合格后，通过扫描仪表板总成上所贴的条形码由计算机控制上线，从而保证不同车型安装相应型号的仪表板总成。

图 1-16　仪表板总成分装线

（2）车门分装线（见图 1-17）。车门分装线的形式与仪表板总成分装线的形式基本相同，也包括空中悬挂式和地面式两种，但采用空中悬挂式的居多。在车门分装线上主要进行玻璃升降器、门锁、玻璃、防水帘、内手柄、外手柄、内饰板、密封条等部件的装配。由于采用这种工艺不仅可以提高车门零件的装配效率，便于实现自动化装配，而且拆掉车门后，便于座椅、仪表板及车身内部其他零部件的装配，因此车门分装工艺被越来越广泛地采用。

图 1-17　车门分装线

（3）车轮总成分装线（见图 1-18）。车轮总成分装线采用的主要设备是车轮装配机、充气机及车轮动平衡机，各设备之间的连接一般采用机动轨道。在车轮总成分装线上，首先将轮胎安装到轮辋上，充气到规定的压力；然后进行动平衡检查和调整；最后送到总装配线上。

在各种分装线中，车轮总成分装线自动化程度最高，如某轿车厂的无内胎车轮自动装配线具有自动装配、快速自动充气、车轮动平衡、自动选择配重等自动功能。

图1-18 车轮总成分装线

（4）发动机与变速器动力总成分装线。发动机与变速器动力总成分装线主要进行发动机和变速器的装配，同时需装配发动机和变速器的部分附件和管路。根据不同的车型结构采用不同的方式，当不带副车架时，一般直接采用环形地链牵引小车式，同时将前悬和后悬总成装上，小车上设有液压举升装置，可与底盘装配线同步运行，直接上线。

（5）风窗玻璃分装线。风窗玻璃分装工作主要包括粘胶部位的清洁、涂胶预处理、安装玻璃密封条等。分装完成后，由玻璃吸盘将玻璃放到玻璃放置台上，然后由自动涂胶机和高精度机械手自动完成玻璃位置找正，自动涂上一整圈胶，通过吸盘将玻璃吸起，安装到车身适当位置。

4. 车门分装线工作流程

车门分装线属于总装的一条分装线，主要负责车门门饰板、车窗、升降机、线束、后视镜等车门部件安装，现以某车型车门分装线工作流程为例说明。

（1）前门玻璃导槽和B柱饰板的安装。

①装配一个车门前，必须检查车门车身是否异常。如果有异常，应呼叫相关人员进行解决；如果没有异常，则进行正常装配。

②装配B柱饰板前，将螺母垫片从上至下依次卡入前门B柱钣金孔内，注意卡入时要竖直卡入。

③预装前玻璃导槽。先将左端卡入B柱钣金上端处，卡入后，向右依次卡入。注意确认无卷边现象发生。

④紧固前门B柱饰板，将窗框胶条后部卡入B柱饰板，注意B柱饰板要和玻璃导槽上端的尾部平行。紧固要点：完全套入，垂直打入，注意紧固状态是否完全符合要求。

（2）后门B柱饰板和前门限位器的安装。

①将前门限位器插入限位孔。紧固要点：套筒完全套入，垂直打入，应完全贴合。

②装配后门B柱饰板前将螺母垫片从上至下依次卡入后门B柱钣金孔内，注意卡入时要垂直卡入。

③预装后玻璃导槽。先将左端卡入B柱钣金上端处，卡入后，向右依次卡入。注意确认无卷边现象发生。

④紧固后门B柱饰板。将窗框胶条后部卡入B柱饰板，注意B柱饰板要和玻璃槽上端的尾部平行。紧固要点：完全套入，垂直打入，注意紧固状态是否完全符合要求。

（3）后门C柱饰板和后门限位器的安装。

装配后门限位器前，取出后门限位器防水垫圈，将左后门限位器防水垫圈装入窗框内，再进行限位器的安装。C柱饰板的安装和B柱饰板的安装注意要领一样。

（4）前门阻尼垫片、玻璃导槽、外挡水、前门窗框防水胶条的安装。

①将阻尼垫片平铺在内钣金上，持工具将阻尼垫片刮平。注意要点：使阻尼垫片紧贴在钣金上。

②前门玻璃导槽的安装需要借助简易工装将胶条包入钣金。注意要点：胶条不可卷边，包边速度适当。

③外挡水的安装。注意确认外挡水有无压胶边。

（5）后门阻尼垫片、玻璃导槽、外挡水、后门窗框防水胶条依次安装。

（6）前门玻璃升降器模块安装、紧固。

①防水胶塞安装注意无浮起、无起皱、无松脱。

②防撞胶粒安装注意无浮起、无松脱。

③升降器模块安装。将模块加载至车门钣金后，用螺钉紧固模块上的紧固点。注意：先紧固对角，再按逆时针紧固。

（7）前门外拉手、外拉手饰盖、锁芯、喇叭的安装。

①将锁芯卡入外拉手饰盖，注意卡入时不要刮伤饰盖外漆。

②外拉手支架定位。从车门钣金孔内把外拉手支架拿出定好位，再将左前门外拉手支架自带螺栓拧紧，注意紧固自带螺栓时不能打偏，以免将车门钣金刮花，影响产品质量。

③外拉手安装。先将前端卡入门板，再将后部插入门板内，按住外拉手，将外拉手向前推。

④紧固门喇叭。

（8）将门玻璃升降模块安装入位。

（9）后门外拉手、外拉手饰盖、锁芯、喇叭的安装。

（10）前门玻璃安装，前门前端饰件安装，下防水条安装，前门锁板紧固。

①左前门前端饰件的安装。先将上下两颗胶钉按入，再按入中间两颗。

②下防水条的安装。先将两端胶钉按入，再朝内按入，注意回拔确认下防水条胶钉是否全部正确安装到位。

③紧固前门锁板。紧固要点：套筒完全套入，垂直打入，紧固完后检查螺钉是否贴合，可以使用触摸方式检查。

④紧固玻璃导轨。注意要点：垂直打入，应完全贴合。

⑤左前门玻璃的安装。将左前门玻璃前端先放入车门，再将后端放入车门。注意要点：将玻璃向下卡入时会听到"咔咔"的声音，回拔确认无松脱。

⑥门模块圆形防水贴片和门模块椭圆形胶塞的安装。

⑦前门内挡水的安装。先将前端卡入，再依次将后端卡入。注意要点：内挡水条是否紧贴钣金，间隙是否符合安装要求。

（11）前门后视镜安装，后门玻璃安装，后门前端饰件安装，后门下防水条安装，前门锁板紧固。前门后视镜的装配要点：线束卡扣穿过钣金孔，然后用螺母将其紧固。前门后视镜的紧固要点：套筒完全套入，垂直打入。

（12）前门饰板、油箱盖开关、后视镜饰盖、内拉手饰盖、控制面板的安装。

①油箱盖开关的安装。将油箱盖开关卡入门饰板配合孔,并回拨确认。
②门饰板的安装。安装门饰板至门模块前,首先将外拉手卡入门饰板自带卡扣上,再将油箱盖线束连接,并回拉确认。将控制面板两根线束绕出门饰板孔,直至露出扶手外。接下来紧固相关紧固点,注意垂直打入和紧固力矩。
③后视镜饰盖和内拉手饰盖的安装。
④前门控制面板的安装。将控制面板与门模块线束连接后卡入门饰板。注意要点:确认控制面板正确安装和线束无松动。
(13)后门饰板、油箱盖开关、后视镜饰盖、内拉手饰盖、控制面板依次安装。

5. 整车检测线

整车出厂检测是汽车生产过程对整车质量进行综合检测的一个重要环节,要求百分之百进行检测。整车装配完成后,在整车检测线上对其主要性能进行检测,并进行必要的调整,直到所有性能指标均符合要求。目前,轿车生产厂均采用计算机控制全自动检测线,检测线可对整车质量检测实现自动控制、自动采集数据和判定、自动打印输出检测结果。由于车型不同,各厂检测线的组成也略有不同。

(1)外观检查。外观检查主要在灯廊内进行,主要检查车身漆面质量好坏,表面有无划伤、碰伤,车门及车窗密封条的装配间隙是否正常,紧固件的拧紧力矩是否满足要求,以及有无漏装、错装等现象。对不合格项在返修区进行返修。

(2)车轮定位参数检测(见图1-19),即检测四轮定位参数是否符合要求。一般的轿车主要检测车轮前束和车轮外倾角,检测线上一般仅对前束进行调整,其他参数由产品结构决定。不同的生产厂所采用的车轮定位检测设备不同,但原理基本相同。将汽车驶上车轮定位仪,四个车轮定位卡盘自动靠在四个车轮上,测出四个车轮的外倾角和前束值,在显示屏上显示测定值。如果前束不合格,则通过观察显示屏的读数来进行调整。

图1-19 四轮定位

1.3 常用装配生产组织形式

对于整车和可以单独组织装配的大型总成（如发动机），其装配生产组织可以分为固定式装配和流水式装配两大类。

1.3.1 固定式装配

装配对象的基础件安放在固定工位上，工人将零件和总成按次序逐一安装，最后形成成品的装配方式，称为固定式装配，如图 1-20 所示。

图 1-20　固定式装配

1.3.2 流水式装配

成品随输送装置在多工位生产线上按装配顺序由一个工位向另一个工位移动，在每个工位按工艺规程完成一定的装配工序，最后完成整个产品的装配形式，称为流水式装配。根据产品及其批量的不同需求，产品在生产线上的移动可以是自由的，也可以是强制的，因此流水式装配可分为自由流水方式和强制流水方式两大类。

1. 自由流水方式

如图 1-21 所示，产品的工序间移动没有严格的时间要求，生产的节拍不在单一产品上体现，使生产具有一定的柔韧度。这种方式主要用于小型部件或总成装配，适用于多品种批量生产。

图 1-21　自由流水方式

2. 强制流水方式

如图 1-22 所示，产品的工序间移动以某种形式的机械化输送装置来实现，有严格的节拍要求，工人必须在规定的节拍时间内完成规定的全部装配工序。这种方式适用于大批量生产，在目前汽车装配生产中应用最广。强制流水方式分为间歇式移动和连续式移动两种。

图 1-22　强制流水方式

强制间歇式移动流水装配：产品在输送装置上完成周期性移动后，工人在该工位上对每个产品完成同一装配工序，而后产品按节拍要求进行下一个周期的移动。

强制连续式移动流水装配：产品按严格的生产节拍在输送装置上连续缓慢移动，工人在固定的区域范围内，按节拍时间要求完成规定的装配工序。此时产品的移动时间重叠在作业时间内，每道工序的工时安排必须等于或略少于节拍时间，生产线才能正常运行，这种方式是大批量生产的汽车总装车间常用的生产组织形式。

1.4 装配线工具设备的使用及调试

汽车装配工艺设备主要分为五大类：试验设备、输送设备、全自动装配线、加注设备、螺栓紧固设备。

1.4.1 试验设备

整车出厂试验由过去采用室外道路试验发展到现在采用室内检测线。室内检测线一般由前束试验台、侧滑试验台、转向试验台、前照灯检测仪、制动试验台、车速表试验台、排气分析仪等设备组成，如图1-23所示。

图1-23 室内检测线

1.4.2 输送设备

输送设备主要用于总装配线、各总成分装线以及大总成上线的输送，如图1-24所示。大总成上线设备指发动机、前桥、后桥、驾驶室、车轮等总成在分装、组装后送至总装配线并在相应工位上线所采用的输送、吊装设备。车轮上线一般采用普通悬挂输送机和积放式悬挂输送机，也有少数厂家采用带有升降装置的电动磁轨小车（AGV）自动上线。

1.4 装配线工具设备的使用及调试

图 1-24 输送设备

1.4.3 全自动装配线

全自动装配线一般是指由输送设备（空中悬挂式和地面式）、专用设备（如举升、翻转、压装、加热或冷却、检测及螺栓、螺帽的紧固设备等）构成的有机体，如图 1-25 所示。

图 1-25 全自动装配线

1.4.4 加注设备

采用设备定量加注，直到自动加注。尤其在轿车装配中，普遍采用具有抽真空、自动检漏、自动定量加注等功能的加注机，保证加注的质量。移动单元式随线加注设备如图 1-26 所示。

第1章 汽车装配基础知识

图1-26 移动单元式随线加注设备

1.4.5 螺栓紧固设备

在轿车装配中普遍采用定扭矩的紧固设备，拧紧方法采用控制转矩－转角法，这种方法是目前世界上最先进的螺纹连接方法，此外还有气门自动装配机、装配机械手等设备，在关键的装配工序后都设有专门的检查工位，采用自动化检测设备控制装配质量。阿特拉斯紧固设备如图1-27所示。

图1-27 阿特拉斯紧固设备

随着汽车装配技术的提升，汽车装配工艺设备也迅速发展。整车装配线和零部件装配线向模块化、自动化、柔性化和虚拟化方向发展，以满足多品种生产和自动化装配要求；输送设备向柔性输送设备方向发展；加注设备向真空式、自动检漏和定量加注方向发展；试验检测设备已大量应用光、机、电一体化技术，并采用计算机测控，有些检测设备具有专家系统和智能化功能，能对汽车技术状况进行检测，并能诊断出汽车故障发生的部位和原因，引导维修人员迅速排除故障，向微机控制、数字化、高精度、智能化、自动化方向发展；螺栓紧固设备向定扭矩－转角的紧固设备方向发展；专用装配设备向高精度、适应性强、自动化方向发展，一台专机能适应2~3种产品的生产要求，以适应多品种生产的要求；以静扭扳手和定转矩电动扳手替代冲击式气动扳手是装配工具的发展趋势；一些产量大、零件数量小的零部件装配线趋于采用全自动装配线;将柔性装配线和其上的各种装配专机及检测设备有机地结合在一起,是今后装配设备制造的发展趋势,这样便于保证设备制造质量,有利于提高装配工艺设备的整体制造水平。

1.4.6 打胶机操作设备

打胶机(见图1-28),是专门对流体进行控制,并将流体点滴、涂覆于产品表面或产品内部的自动化机器。

打胶机主要用于产品工艺中的胶水、油漆以及其他液体精确点、注、涂、滴到每个产品的准确位置,可以用来实现打点、画线、圆形或弧形。

图1-28 打胶机

1.4.7 电枪操作设备

电动射钉枪(见图1-29)壳体中设有加速线圈,加速线圈中设有冲锤轨道,冲锤体可在冲锤轨道中移动,冲锤体由导磁材料制成,冲锤体前端设有撞针,控制开关控制电动射钉枪工作。冲锤体上设有至少两排外轮廓高出冲锤外表面的滚轮,滚轮可绕其销轴转动。当滚轮外缘与冲锤体外的冲锤轨道接触时,冲锤轨道与滚轮摩擦力的力臂明显大于滚轮销轴所受摩擦力的力臂,使得滚轮可灵活地绕其销轴转动,从而实现有效地减小冲锤在运动过程中的摩擦,减少电动射钉枪的发热,提高射钉枪的使用寿命。

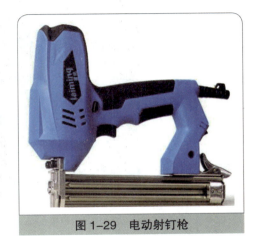

图1-29 电动射钉枪

第 2 章 汽车内饰装配

2.1 内饰系统概述

汽车内饰系统是汽车车身的主要组成部分,主要指汽车驾驶、操纵所需的各种机构、装置以及汽车内部装饰所用到的各种设施。因此,汽车的内饰不仅有装饰作用,还对汽车的功能、安全性、舒适性以及减振、隔热、隔声及视觉方面起到非常重要的作用。因此,内饰代表整部汽车的形象,决定着汽车的操控、档次和舒适性,影响着人们选择轿车的意愿。

2.1.1 内饰系统构成

内饰系统(见图2-1)包括立柱护板系统、安全带、门内护板系统、安全气囊、方向盘、仪表板系统、地毯、踏板总成、座椅系统、顶棚系统、室内空气循环系统、车内照明、音响系统、行李厢内装件系统以及发动机舱内装件系统等。

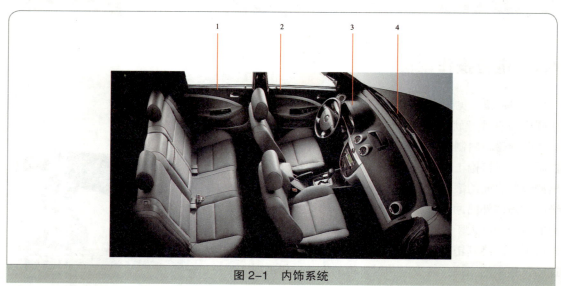

图 2-1 内饰系统

1—门内护板系统;2—安全带;3—安全气囊;4—仪表板系统

2.1.2 内饰装配工艺

一次内饰装配线包括车身打磨及安装天窗、线束、胶堵、ABS、顶棚、地毯、气囊帘、车门支撑板、车门玻璃、密封条、仪表板、水箱等。

二次内饰装配线包括风窗玻璃、座椅、仪表板后段、蓄电池、空滤器、备胎、行李厢附件、雨刮器、介质加注、车门调整、线路管路插接等。

1. 车身线束与前舱线束

车身线束与前舱线束如图 2-2 和图 2-3 所示。在现代汽车上，汽车线束特别多，电子控制系统与线束有着密切关系。如果把计算机、传感器与执行元件的功能用人体来比喻，可以说计算机相当于人脑，传感器相当于感觉器官，执行元件相当于运动器官，那么线束就是神经和血管。汽车线束是汽车电路的网络主体，连接汽车的电气电子部件并使之发挥功能，没有线束也就不存在汽车电路。

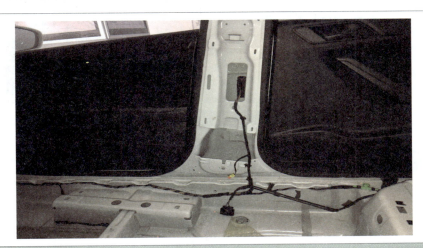

图 2-2 车身线束

图 2-3 前舱线束

在装配线束时,需要注意:线束应是平顺的,没有强行扭曲的,安装时不允许强扭线束而导致线束扭曲。线束长度过长,则导致悬空;过短,则导致绷紧。线束不能与其他零件有干涉。线束与车身钣金边缘接触的部分要有充分的保护,防止线束划破。线束连接如图2-4所示。

图2-4 线束连接

2. 踏板总成

踏板总成(见图2-5)包括加速踏板、离合器踏板和制动踏板,是控制汽车加速和制动的重要控制装置。

图2-5 踏板总成

（1）加速踏板。现在汽车的加速踏板有地板式和悬挂式两种，如图2-6和图2-7所示。

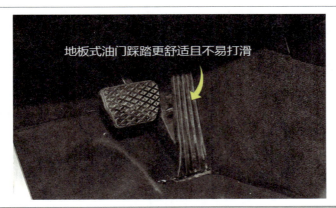

图2-6　地板式加速踏板

图2-7　悬挂式加速踏板

从最终实现控制汽车加速的目的来看，不论是地板式加速踏板还是悬挂式加速踏板，它们在本质功能上是没有任何区别的。

地板式加速踏板的转轴位于踏板底部，脚掌可以全部踩上去，而踏板本身也就是一个支点，小腿和脚踝能更轻松地控制踏板，相应地提升了脚下控制踏板的精度，减少了疲劳感，而配合手动变速器，地板式加速踏板还能很轻易地做出跟趾的技术动作；相反，悬挂式加速踏板的转轴位于支架顶端，下部结构相对简单（单薄）一点，这也使得它的踩踏方式更轻巧，而且在设计上可以将踏板支架做成铁棍，所以在很大程度上可以节省成本，因此一般厂商更喜欢选用这种踏板。

相对于地板式加速踏板而言，悬挂式加速踏板由于只能给前脚掌提供支点，因此长时间驾驶小腿会比较僵硬，也就是大多数人抱怨的悬挂式踏板开久了很累，并且导致它的控制精度不如地板式踏板，而且不能很方便地做出跟趾的动作。

从车辆设计角度来看，一般车身高大的SUV多选用悬挂式加速踏板，这是因为它的仪表台安装位置比较高，座位也比较高。地板式加速踏板并不适用于所有驾驶人群，可能会导致人机工程不合理。不论是地板式加速踏板还是悬挂式加速踏板，它们都只是一个信号采集源，从20世纪80年代末汽车大规模的电子化变革以来，加速踏板由电子信号采集取代了传统的拉索控制，这也使得踏板的设计不用顾忌拉索的布置，因此什么样的车匹配什么样的加速踏板，并且怎样踩舒服便成了汽车厂商考虑的方向。

（2）离合器踏板。所谓离合器，顾名思义就是说利用"离"与"合"来传递适量的动力。离合器由摩擦片、弹簧片、压盘以及动力输出轴组成，布置在发动机与变速器之间，用来将发动机飞轮上储存的力矩传递给变速器，保证车辆在不同的行驶状况下传递给驱动轮适量的驱动力和转矩，属于动力总成的范畴。在半联动时，离合器的动力输入端与动力输出端允许有转速差，也就是通过其转速差来实现传递适量的动力。

离合器和油门在汽车起步时配合不好，就会使发动机熄火或使汽车起步时颤抖。发动机动力经离合器传到车轮，反映到离合器踏板上的距离只有 1 cm 左右，所以在踏下离合器踏板、挂入挡位后，抬起离合器踏板至离合器摩擦片开始相互接触时，脚要停顿一下，同时加油，待离合器片完全接触后再完全抬起离合器踏板。这就是所谓的"两快两慢一停顿"，即抬起踏板的速度两头稍快，然后两头慢，中间停顿。

（3）制动踏板。制动踏板，顾名思义就是限制动力的踏板，即行车制动器的踏板。制动踏板用于减速停车。它是汽车驾驶五大操纵件之一，使用频次非常高。驾驶人对其使用的熟练程度直接影响着汽车驾驶安全。

汽车制动踏板操作分为缓慢制动（即预见性制动）、紧急制动、联合制动和间歇性制动。一般情况下，缓慢制动和紧急制动时，在车轮抱死和停车前都要将离合器踏板踏到底，以使发动机不熄火和有利于重新变换车速。

①缓慢制动。踏下离合器踏板，同时放松加速踏板，将变速杆推至低速挡位置，随即抬起离合器踏板，右脚迅速放在制动踏板上，根据需要车速及停车点距离，逐渐用力踏下制动踏板直至停车。

②紧急制动。汽车在行驶过程中遇到紧急情况时，驾驶人迅速、正确地使用制动器，在最短距离内将车停住，称为紧急制动。操作方法是：迅速抬起加速踏板，并立即用力猛踩制动踏板，急拉驻车制动杆，使汽车迅速停下。

③联合制动。变速杆在挡位内放松加速踏板，利用发动机转速牵阻降低车速，同时踏下制动踏板使车轮制动，这种靠发动机牵阻和车轮制动器制动来减速的方法称为联合制动。联合制动在正常行驶需减速时运用较多，应掌握的重点是：当车速低于本挡位内车速最低标准时，应及时换入低一挡位，否则将会加速损坏传动系统。

④间歇性制动。间歇性制动是断续踏下和放松制动踏板的一种制动方法。在山区行车时，由于长期下坡，制动系统易产生高温，从而导致制动性能降低。为防止制动系统温度过高，驾驶人常使用间歇性制动方法。

在装配踏板总成时，需要注意：确认踏板总成上的每一个紧固点都紧固到位；确认踏板总成上的每一个线束端子都连接到位，无虚插或插不完全；确认制动踏板与真空助力器连接到位。

2.2 仪表板系统

仪表板系统由仪表板总成及之上所安装的各种仪表、控制开关、显示器和各种保护罩、装饰板等组成。仪表板系统是汽车操纵、控制及显示的集中装置，是汽车的主要内饰件，也是车厢内最引人注目的区域。仪表板总成壁薄，体积大，结构形状十分复杂。

2.2 仪表板系统

2.2.1 仪表板系统的结构

仪表板中的操纵机构、各种仪表、控制开关及设施，按其功能一般分为驾驶操控区和乘用功能区两部分。驾驶操控区即主仪表区，指操控车辆行驶的有关功能区，一般集中在方向盘周围，如行车里程表、车速表、发动机转速表、灯光开关、雨刷器开关等；乘用功能区即副仪表区，指空调旋钮、音响控制、储物盒等，一般集中在仪表板的中部及右侧。

2.2.2 仪表板系统的类型

仪表板系统主要是根据仪表板总成的材料及各种仪表的布置结构形式来分类的，按其材料可分为硬仪表板和软仪表板；按其结构可分为整体式仪表板和组合式仪表板。组合式仪表板又可分为左、右分块环抱式仪表板，左、中、右分块式仪表板和中置式仪表板等。

1. 按材质分类

1）硬仪表板

硬仪表板（见图2-8）一般采用PP、PC、ABS、PPO、PC/ABS等一次性注射成型。这种仪表板尺寸很大，无表皮材料，表面质量要求很高，要求其材料耐湿、耐热、刚性好且不易变形。这种仪表板通常在轻、小型货车和大货车及客车上使用。

图2-8 硬仪表板

2）软仪表板

软仪表板（见图2-9）由表皮、骨架材料、缓冲材料等构成。其一般采用钢板、PC/ABS合金、ABS、改性PP、FRP等材料做骨架，表皮材料采用PVC/ABS或PVC片材等。其加工工艺是先将表皮真空吸塑成形后，置入发泡模腔内，再放上骨架，然后注入缓冲类发泡材料（如PU）成形。由于半硬质PU泡沫有很多气孔，因此其具有良好的回弹性，并能吸收50%~70%的冲击能量，安全性高，耐热、耐寒、坚固耐用，且手感好。但是由这三种以上材料构成的仪表板，其材料的再生利用极为困难。为了便于回收利用，目前正在发展热塑性聚烯烃 TPO 表皮和改性聚丙烯 PP 骨架及聚丙烯发泡材料。软仪表板一般在轿车上使用。

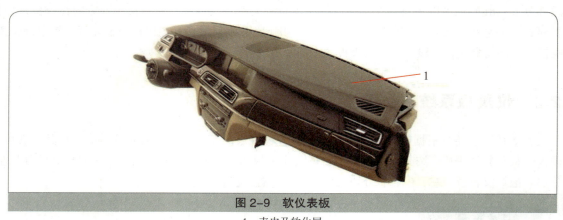

图 2-9　软仪表板
1—表皮及软化层

2. 按结构分类

1）左、右分块环抱式仪表板（见图 2-10）

左、右分块式设计在仪表板上没有横向贯通的线条，仪表显示区和中控区是紧密联系的，如图 2-10 所示。主仪表和空调、音响等的操控区呈围绕驾驶员的环抱式，体现了较好的操控性和人机协调性。环抱区通过大回转线条和前排乘员区的仪表台分离，形成左、右两部分，这种设计可塑性强，强调以驾驶员为主的操控气氛，常用于经济型或运动型轿车。

图 2-10　左、右分块环抱式仪表板

2）左、中、右分块式仪表板

与左、右分块的形式略有不同,左、中、右分块式(见图2-11)强调中置控制区的功能,形体上独立或成封闭的区间,其线条不与左、右的型面连接。各个功能区的划分明显,一目了然,形体上饱满圆滑,可以派生出多种不同的布局方案。这种布置方式在小型车和概念车上也很常见。

图2-11 左、中、右分块式仪表板

3）中置式仪表板

中置式仪表板(见图2-12)把仪表布置在仪表板中间驾驶员正前方区域,消除了凸起的表罩形体,因此不仅视野性良好,而且形体新颖直观。

图2-12 中置式仪表板

2.3 仪表板系统装配工艺流程

仪表板系统由于结构形式及制造厂家不同，其装配工艺流程也有所不同。组合式仪表板系统由仪表板横梁和仪表板本体构成。车内装配时，首先分别组装仪表板横梁和仪表板本体，然后在车体指定位置先安装仪表板横梁，再通过仪表板横梁把仪表板本体安装到车体上，之后安装各种仪表、控制开关和装饰板等。

整体式仪表板系统没有仪表板横梁，因此，首先组装仪表板总成，然后把仪表板总成安装到车体上，之后再安装各种仪表、控制开关、手套箱以及装饰板等，最后安装底板控制台。组合仪表板安装如图 2-13 所示。

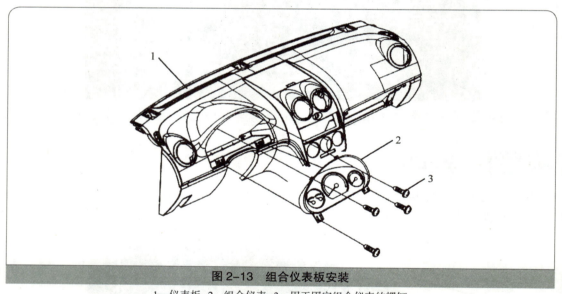

图 2-13　组合仪表板安装

1—仪表板；2—组合仪表；3—用于固定组合仪表的螺钉

2.3.1　仪表板总成的装配

仪表板总成主要有仪表面板、中央支撑面板、仪表面板加强板、中央空气出口壳、中央空气出口总成、侧面空气出口总成、除霜器管、分配管、接头固定器、杂物箱、装饰面板等零部件。

仪表板总成是由以上各零部件依次安装到仪表面板上所构成的。仪表板总成各零部件的安装顺序如下：

（1）安装中央支撑面板。安装中央支撑面板时，在仪表面板指定位置用自攻螺钉以 3~5 N·m 的扭矩将支撑架拧紧。

（2）安装仪表面板加强板。安装仪表面板加强板时，用自攻螺钉将仪表面板加强板与中央支撑面板相连，用自攻螺钉将仪表面板加强板与仪表面板相连，各螺钉的拧紧扭矩均为 3~5 N·m。

（3）安装中央空气出口壳。安装中央空气出口壳时，在仪表面板指定位置用自攻螺钉以 3~5 N·m 的扭矩将中央空气出口壳拧紧。

（4）安装中央空气出口总成及侧面空气出口总成。安装顺序为先安装中央空气出口总成，后安装侧面空气出口总成，在安装中央空气出口总成时，对准中央空气出风口，将中央空气出口总成推进；安装侧面空气出口总成时，应注意卡扣的形状及位置，必须将卡扣卡好。

（5）安装除霜器管。安装除霜器管时应对准管口与仪表面板上的除霜器出风口，然后按从里往外的顺序依次将 4 个自攻螺钉拧紧，其拧紧扭矩为 3~5 N·m。

（6）安装分配管。安装分配管时，分配管上的中央出风口及两侧出风口对准仪表面板二相应的出风口，自攻螺钉拧在除霜器管上，其余的自攻螺钉拧在仪表面板上，注意 3 个螺钉都放好后，先拧紧中间螺钉，再拧紧两边螺钉，其拧紧扭矩为 3~5 N·m。

（7）安装接头固定器。将接头固定器插入安装孔，拧紧自攻螺钉，其拧紧扭矩为 3~5 N·m。

（8）安装杂物箱。安装杂物箱时不应用力过猛，两侧的铰链轴都要安装到位。

（9）安装装饰面板。将每个装饰面板对准各自的安装位置，用自攻螺钉拧紧，其拧紧扭矩为 3~5 N·m。

2.3.2 安装仪表板总成

车体内安装仪表板总成时，在车身上先安装边支撑架，然后安装仪表板总成。

（1）安装仪表面板边支撑架。在车身相应位置上安装左、右边支撑架，用螺栓以 8~10 N·m 的扭矩拧紧。

（2）安装仪表面板总成。将仪表面板总成对准左、右支撑架上的孔和车身上的安装孔，仪表面板总成与边支撑架用自攻螺钉拧紧，其拧紧扭矩为 3~5 N·m，仪表面板总成与车身用六角螺栓拧紧，其拧紧扭矩为 8~10 N·m，按从中间向外、从上到下的顺序拧紧所有螺栓。

2.3.3 安装各种主要仪表、控制开关和仪表罩

在仪表板总成中安装的主要零部件有仪表面板侧盖、手套箱、乘客侧气囊模块、A/C 控制面板总成（空调控制）、录音机、中央面板、显示器支架及时钟、多显示器罩、仪表罩外罩、组合仪表、仪表罩内罩、底盖及方向柱盖等。下面介绍各零部件的安装步骤及注意事项。

（1）安装仪表面板侧盖。仪表面板与左右两侧盖均用卡扣连接，因此安装时对准卡扣压进即可。

（2）安装手套箱。安装手套箱时，先安装手套箱门总成面板，然后安装手套箱门挡块。

①安装手套箱门总成时应水平地结合两侧的铰链，注意操作不要用力过猛。

②按箭头所示方向推入手套箱门两侧的同时，关闭箱门，使其接触到各自的挡块，以将手套箱门挡块安装到手套箱门上。

（3）安装乘客侧气囊模块。仪表板与乘客侧气囊模块采用两种不同形状的卡扣连接，上排和左右两侧采用 A 形卡扣，下排用 B 形卡扣，安装时对准上排 4 个卡扣稍微压下，检查左右卡扣位置是否正确，确认后压下即可安装完成。

（4）安装 A/C 控制面板总成、录音机及中央面板。安装顺序为先安装 A/C 控制器总成，然后安装录音机，最后安装中央面板。

仪表、控制开关和仪表罩总成如图 2-14 所示。

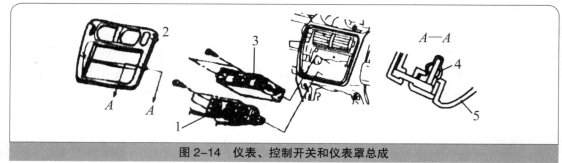

图 2-14 仪表、控制开关和仪表罩总成

1—A/C 控制器；2—中央面板；3—录音机；4—夹子；5—仪表面板

①安装 A/C 控制器总成。A/C 控制器总成与仪表板总成采用螺纹连接，操作时将 A/C 控制器总成左右两侧的安装孔与仪表板总成上相应的安装位置对准，用自攻螺钉连接，其拧紧扭矩为 3~5 N·m。

②安装录音机。其安装方法与安装 A/C 控制器总成相同。

③安装中央面板。中央面板与仪表板总成采用夹子连接，操作时对准左右两侧 4 个夹子，用力应均匀，不要过猛。

（5）安装显示器支架、时钟及多显示器罩。安装顺序为先将时钟与显示器支架相连，然后通过显示器支架安装到仪表板总成上，最后安装显示器罩。

①时钟与显示器支架相连。时钟的两侧分别用两个自攻螺钉安装显示器支架，拧紧扭矩为 3~5 N·m。

②安装时钟。将已经安装显示器支架的时钟安装到仪表板总成上，操作时将显示器支架上的安装孔对准仪表板总成上相应的位置，用左右两个自攻螺钉连接，拧紧扭矩为 3~5 N·m。

③安装显示器罩。显示器罩与仪表板总成采用夹子和卡扣连接，即正面用卡扣，后面左右两侧各用两个夹子。操作时应对准各夹子及卡扣，用力不要过猛。

（6）安装仪表罩外罩、组合仪表和仪表罩内罩。组合仪表及其护罩的安装顺序为先安装仪表罩外罩，再安装组合仪表，最后安装仪表罩内罩。

①仪表罩外罩与仪表板总成前后共用 4 个自攻螺钉连接，安装时仪表罩外罩上的 4 个孔对准仪表板总成上相应的安装孔，螺钉的拧紧扭矩为 3~5 N·m。

②组合仪表与仪表板总成共用 3 个自攻螺钉连接，即下面 2 个螺钉，上面 1 个螺钉，安装时仪表罩外罩上的 3 个孔对准仪表板总成上相应的安装孔，螺钉的拧紧扭矩为 3~5 N·m。

③仪表罩内罩与仪表板总成共用 4 个夹子连接，即前面 2 个，后面 2 个。安装时对准各夹子及安装孔，用力应均匀，不要过猛。

（7）安装底盖和方向柱盖。底盖与方向柱盖的安装，在转向系统安装完毕后进行。底盖与方向柱盖的连接方式随车型及制造厂家有所区别。比如方向柱盖，有些车型用螺纹连接，也有些车型是用夹子和卡扣连接的。不管什么样的连接方式，均应先认真阅读工艺卡，严格按工艺要求操作。

2.3.4 仪表板系统安装注意事项

（1）仪表板本体与仪表框、手套箱、扬声器面罩等附件配合应无影响美观的缺陷，无安装不到位、松动现象，无相互干涉影响各自使用功能的现象，表面缝隙应均匀，过渡要圆滑。

（2）仪表板双风口应与空调出风口接口箱吻合，不允许有安装不到位、漏风现象，不允许仪表板风道与内横梁、蒸发器等件干涉，影响仪表板安装，导致出现仪表板及其附件安装不到位的现象。

(3)仪表板各出风口应能调节自如,不允许出现卡死和失调现象;风口开关挡位应明显。
(4)仪表板与前风挡玻璃不应发生干涉和影响其安装,且其与前风挡之间间隙应均匀。
(5)仪表板与车身两侧的间隙应均匀一致且能满足门洞密封条的装配。

2.4 地面控制台装配

地面控制台也称副仪表板,根据车型不同,其结构形式及上部所安装的设施也有所区别。

2.4.1 地面控制台的组成

地面控制台(见图2-15)主要用作装饰变速杆和手制动拉杆等,此外其还设有烟灰缸、杂物箱等。

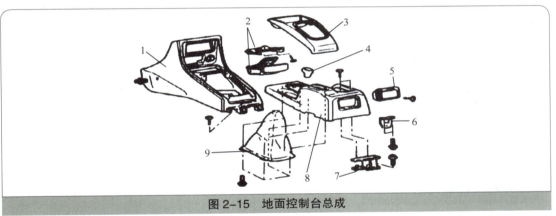

图2-15 地面控制台总成

1—前地面控制台;2—前烟灰缸总成;3—A/T面板;4—变速手柄;5—后烟灰缸总成;
6—烟灰缸支架;7—地面控制台支架;8—后地面控制台;9—变速杆盖

2.4.2 地面控制台的装配

地面控制台的装配一般在底盘总成装配后进行。地面控制台的装配过程及顺序如下:

1)安装前烟灰缸总成

将前烟灰缸总成用自攻螺钉安装到仪表面板上,拧紧扭矩为3~5 N·m。烟灰缸总成如图2-16所示。

2)安装前地面控制台

前地面控制台前部正面用2个卡扣、左右两侧各用2个夹子与仪表面板相连接,操作时各卡扣和夹子应对准仪表面板上相应位置,匀速推进,不要用力过猛;后部用2个自攻螺钉与地面相连接,拧紧扭矩为 3~5 N·m。

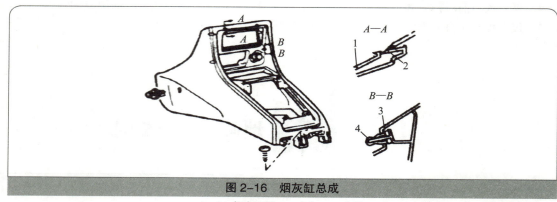

图 2-16 烟灰缸总成

1，3—仪表面板；2—卡扣；4—夹子

3）安装 A/T 面板

A/T 面板用 4 个夹子与前地面控制台相连接，操作时各夹子对准前地面控制台上相应位置，匀速压下，不要用力过猛。

4）安装变速杆盖

变速杆盖用 4 个六角螺栓与后地面控制台相连接，螺栓拧紧扭矩为 8~10 N·m。

5）安装地面控制台支架

地面控制台支架用 2 个六角螺栓与地面相连接，操作时地面控制台支架对准地面相应的安装位置，螺栓拧紧扭矩为 8~10 N·m。

6）安装后地面控制台

后地面控制台（见图 2-17）前部用 2 个夹子与前地面控制台相连接，后部用 2 个自攻螺钉与地面控制台支架相连接。

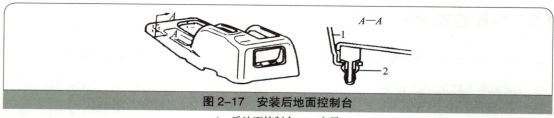

图 2-17 安装后地面控制台

1—后地面控制台；2—夹子

7）后烟灰缸支架与后烟灰缸总成安装

后烟灰缸支架用 2 个连接螺栓安装到后地面控制台；后烟灰缸总成用自攻螺钉安装到后地面控制台。

2.5　车门内饰装配

车门内饰装配主要有车门附件安装和车门内饰安装，下面以前门为例简要介绍车门内饰安装步骤。图2-18所示为车门内饰板组成。

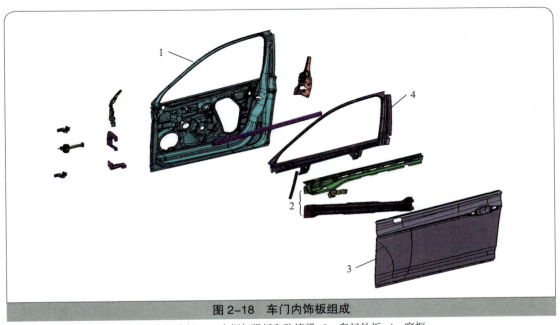

图2-18　车门内饰板组成

1—车门内板；2—窗框加强板和防撞梁；3—车门外板；4—窗框

2.5.1　车门附件安装

车门附件安装包括门外把手、门锁总成、车门开度限位器、门框总成、车门密封条、玻璃升降器总成、车窗玻璃等的安装。

1. 门外把手及门锁总成安装

一般门外把手及门锁总成应同时安装，其安装步骤如下：

安装门外把手框→安装前、后衬块→安装内侧锁止拉索总成→安装门外把手总成→连接线束插头→安装前门锁芯→安装门外把手盖。

1）安装门锁开启杆

安装前门锁开启杆时，插进安装孔，再旋转。门锁如图2-19所示。

图 2-19 门锁

2）安装门外把手衬块

用 2 个卡夹安装门外把手前、后衬块。

3）安装门外把手框

将润滑脂涂抹在前门外把手框的滑动部位，用螺钉安装前门外把手框，拧紧扭矩为 4 N·m。

4）安装门锁止遥控拉索总成及锁正拉索总成

安装锁止遥控拉索总成时，插牢钢索接头并固定好钢索套管，卡牢 3 个卡爪。

5）安装门锁总成

将通用润滑脂涂抹在前门门锁总成的滑动零件上，将前门锁开启杆插入门锁总成，并确保锁开启杆牢固地连接到门锁总成上，用 3 个螺钉安装门锁总成，拧紧扭矩为 5 N·m。

6）安装门外把手总成

首先将前门外把手总成的后端插入前门外把手框内，然后将前门外把手总成推向车辆前方，使之就位。

7）连接线束插头

连接线束插头如图 2-20 所示。

图 2-20 连接线束插头

2.5 车门内饰装配

8）安装前门锁芯

确保锁芯杆插入门锁总成，用螺钉安装前门锁芯，拧紧扭矩为 4 N·m。

9）安装门外把手盖

用螺钉将把手盖和门锁锁芯同时安装，确保门锁锁芯杆已插入门锁，拧紧扭矩为 4 N·m，之后安装孔塞。

2. 车门开度限位器安装

（1）在车门开度限位器的滑动部位涂抹润滑脂，用 2 个螺栓将前门开度限位器安装到门板上，拧紧扭矩为 5.5 N·m。

（2）将黏合剂 1324 或同类产品涂抹在螺栓的螺纹上，用螺栓将前门开度限位器安装到车身面板上，拧紧扭矩为 30 N·m。

车门开度限位器总成如图 2-21 所示。

图 2-21　车门开度限位器总成

3. 门框总成安装

前门门框总成的安装包括前下门框安装和后下门框安装。

1）前下门框安装

用 2 个螺栓和 1 个螺钉安装前下门框分总成，拧紧扭矩为 6.2 N·m。

2）后下门框安装

用螺栓安装前门玻璃升降器总成，拧紧扭矩为 6.2 N·m。

4. 车门密封条安装

用 35 个卡扣安装前门密封条，如图 2-22 所示。

图 2-22 安装前门密封条

5. 前门玻璃升降器总成安装

1）安装电动玻璃升降器电动机

安装电动玻璃升降器电动机时，调整升降器臂使其低于中间位置，用 3 个螺钉安装玻璃升降器电动机总成，拧紧扭矩为 5.4 N·m。

2）安装前门窗升降器分总成

将通用润滑脂涂抹在前门窗升降器分总成（见图 2-23）的滑动部分。将临时螺栓安装到前门窗升降器分总成上。用 5 个螺栓安装前门窗升降器，然后拧紧临时螺栓，拧紧扭矩为 8 N·m，最后连接电源插座。

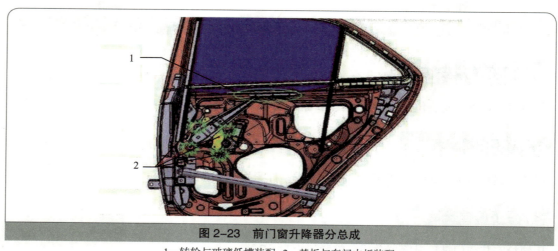

图 2-23 前门窗升降器分总成

1—转轮与玻璃低槽装配；2—基板与车门内板装配

6. 车窗玻璃安装

1）安装前门玻璃升降槽

将车窗玻璃升降槽安装到车门上,用螺钉紧固,拧紧扭矩为 10 N·m。

2）安装车窗玻璃

沿着玻璃升降槽将玻璃斜下方插入前门板,玻璃接近到达升降槽时按规定方向转动一个角度,使玻璃上的两个安装孔对准升降臂上相应的两个孔,用两个螺栓安装前门玻璃,拧紧扭矩为 8 N·m。

2.5.2 车门内饰安装

车门内饰安装主要有车门内把手总成、车门内饰板、车窗升降器开关总成、扶手座上板及内把手框的安装等。

1. 安装前门内把手分总成

将前门锁止遥控拉索和前门内侧锁止拉锁连接到前门内把手分总成上。接合 2 个卡爪,并安装前门内把手分总成。

2. 安装前门内饰板分总成

1）安装防水密封膜

安装防水密封膜时,按压全部有黏合剂的部位,使黏合剂正确就位。

2）安装门装饰板

用前门玻璃密封条上的 5 个卡爪接各前门装饰板,接合 9 个卡扣,将前门装饰板安装到前门板上。安装 2 个螺钉,拧紧扭矩为 4 N·m,之后接合卡爪,连接车门扶手盖。

3. 安装车窗升降器开关总成

1）安装驾驶员侧电动车窗升降器开关总成

用 3 个螺钉安装电动车窗升降器主开关总成,拧紧扭矩为 4 N·m。

2）安装前排乘客侧电动车窗升降器开关总成

接合 2 个卡爪,安装电动车窗升降器开关总成。

4. 安装前扶手座上板

接合 2 个卡子和 6 个卡爪，安装前扶手座上板。

5. 安装前门内把手框

接合 3 个卡爪，安装前门内把手框。

2.6 座椅及安全带装配

座椅是汽车内饰中重要的功能件。汽车座椅为汽车驾乘者直接接触的部件。为了给驾驶员提供便于操纵、舒适、安全和不易疲劳的驾驶座位，要求座椅具有良好的体压分布和触感，缓和与衰减由车身传来的冲击和振动，结构紧凑，外形与色彩美观大方，与车身内饰相协调。由于每一位汽车驾驶员体型都不相同，因此驾驶座椅都设有手动或电动坐垫升降调节、靠背倾角及前后调节、加热通风等装置。不同形式汽车对后排座椅性能的要求不同，高级轿车重视后座椅的舒适性。

因为汽车座椅由专业汽车配件厂制造，所以在汽车装配中座椅安全带的装配主要是指安全带的安装工作。

2.6.1 前排座椅与安全带安装

先安装前排座椅再安装安全带，安装过程如下：

1. 安装前排座椅

一般驾驶座椅和前排乘客座椅的安装步骤基本相同，如图 2-24 所示。

（1）通过两个车身孔插入两个定位销，将前排座椅移到最靠前的位置，并确认内外座椅导轨已牢固锁定。

（2）将后侧螺栓依次安装并紧固，拧紧扭矩为 37 N·m。

（3）将前排座椅移到最靠后的位置，然后确认内外座椅导轨已牢固锁定，将前侧螺栓依次安装并紧固，拧紧扭矩为 37 N·m。

（4）确认移动座椅后内外座椅导轨能够同时锁定。如果内外座椅导轨不同时锁定，则拧松螺栓并调节座椅导轨。

（5）安装前排座椅导轨盖，对准卡槽压下卡扣即可。

2.6 座椅及安全带装配

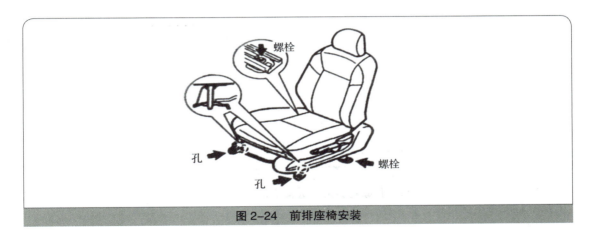

图 2-24　前排座椅安装

2. 安装前排座椅安全带

前排座椅安全带装置主要由座椅内侧安全带锁扣和座椅外侧安全带总成、上部固定件调节器总成等零部件组成。

左前排座椅安全带和右前排乘客座椅安全带的安装方法及安装过程基本相同，以左前排座椅安全带为例介绍其安装步骤，如下：

1）安全带锁扣的安装

如图 2-25 所示，安装前排座椅安全带锁扣的主要操作内容有安装锁扣、连接电源、安装护板等，以上项目按下列步骤进行操作。

（1）将安全带锁扣贴到座椅侧面安装位置上，用螺栓紧固，拧紧扭矩为 42 N·m，之后插接电线接头。

（2）将护板上的孔对准座椅侧面的安装孔，用螺钉紧固，拧紧扭矩为 12 N·m。

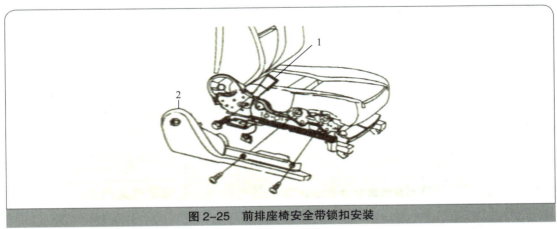

图 2-25　前排座椅安全带锁扣安装
1—锁扣；2—护板

2）前排座椅外侧安全带总成的安装

前排座椅外侧安全带总成主要由安全带上部固定件调节器总成、前排座椅安全带总成等部件组

成(见图2-26),其安装步骤如下:

(1)安装上部调节器总成。将卡钩插入车身孔,用2个螺栓紧固安全带上部固定件调节器,拧紧扭矩为42 N·m。

(2)安装调节器总成盖。用2个卡扣将固定件内盖安装到车身上。

(3)安装中柱上饰件。用3个卡扣和2个卡钩将中柱上饰件安装到车身上。

(4)安装前排座椅安全带总成。

①将卷收器的下支撑件挂到2个车身卡钩上,用2个螺栓临时安装卷收器。预装时先拧紧螺栓,拧紧扭矩为4.9 N·m(待上固定件安装并检查合格后紧固,拧紧扭矩为42 N·m,然后拧紧螺栓,拧紧扭矩为42 N·m)。

②用螺栓安装上固定件,拧紧扭矩为42 N·m。

③用螺栓安装下固定件,拧紧扭矩为42 N·m。

④安装上固定件盖,用3个卡扣安装上固定件盖。

(5)安装中柱下饰件。用2个卡扣和2个夹子安装中柱下饰件。

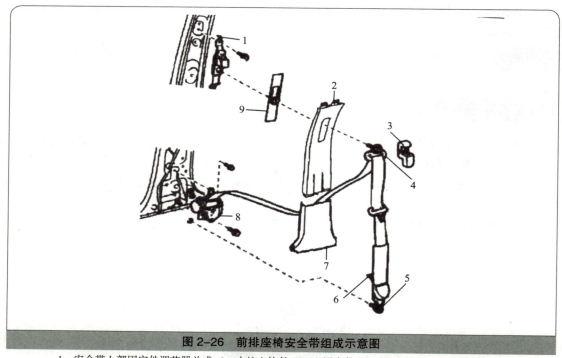

图2-26 前排座椅安全带组成示意图

1—安全带上部固定件调节器总成;2—中柱上饰件;3—上固定件盖;4—上固定件;5—下固定件;6—前排座椅安全带总成;7—中柱下饰件;8—卷收器;9—调节器总成盖

2.6.2 后排座椅与安全带安装

1. 后排座椅的安装

后排座椅安装步骤如下:

(1)在车身孔中插入2个定位销,按顺序安装4个螺栓,拧紧扭矩为37 N·m。

(2)安装后座椅软垫。用2个螺栓安装后座椅软垫,拧紧扭矩为20 N·m,再将隔圈安装于座椅侧面，拧紧扭矩为 21 N·m。

2. 后排座椅安全带的安装

1）安装后排座椅内侧安全带（折叠式座椅）

安装支撑板时，使箭头标记朝前，用螺栓安装后排座椅内侧安全带，拧紧扭矩为 42 N·m。安装时注意，不应将支撑板放在底板的定位标记部位上。

2）安装后排座椅外侧安全带总成

后排座椅外侧安全带总成主要由安全带孔密封件、卷收器、贯穿固定件、安全带支撑板等组成。后排座椅左右外侧安全带总成的安装方法相同。

（1）安装安全带孔密封件。用 2 个定位爪安装座椅安全带孔密封件。

（2）安装卷收器。首先检查锁止卷收器所需的倾角。由初始位置轻轻倾斜卷收器，检查并确认当卷收器向任意方向倾斜 15°或更小角度时安全带不锁止。同样，检查并确认当卷收器倾斜 45°或更大角度时安全带锁止。将卷收器的下支撑件挂到 2 个车身卡钩上，用螺栓安装卷收器，拧紧扭矩为 42 N·m。

（3）安装贯穿固定件。用螺栓安装贯穿固定件，拧紧扭矩为 42 N·m。

（4）安全带的支撑板。首先用卡扣将安全带支撑板安装到底板指定位置，再用螺栓拧紧，拧紧扭矩为 42 N·m。

第 3 章

汽车电气设备装配与调试

电器与电子设备是汽车的重要组成部分，其性能的好坏直接影响到汽车的动力性、经济性、可靠性、安全性、排气净化及舒适性。例如，为使汽车发动机获得最高的经济性，需靠点火系统保证在最适当的时间点火；为使发动机可靠起动，需采用电动起动机；为保证汽车工作可靠、行驶安全，则有赖于各种指示仪表、信号和照明装置等电器的正常工作。

3.1 电气设备装配概述

现代汽车上所装用的电器与电子设备的数量很多，按其用途可大致归纳并划分为下列 5 部分。

3.1.1 电源部分

电源包括蓄电池（见图 3-1）、发电机（见图 3-2）及其调节器。两者并联工作，发电机是主电源，蓄电池是辅助电源。发电机配有调节器，其主要作用是在发电机转速增高时自动调节发电机的输出电压使之保持稳定。

图 3-1 蓄电池

图 3-2 发电机

3.1.2 用电设备

汽车上的用电设备数量很多,大致可分为以下几种。

1. 起动装置

它由蓄电池供电,将电能转变为机械能带动发动机转动。完成起动任务后,立即停止工作。起动基本原理如图3-3所示。

2. 点火系统

点火系统是汽油机不可缺少的部分,其功能是按发动机工作顺序产生高压电并通过火花塞跳火,保证适时、准确地点燃气缸内的可燃混合气。点火系统有传统点火系统及电子点火系统之分。目前国产汽车广泛采用的是电子点火系统。

3. 照明设备

照明设备包括车内外各种照明灯以提供夜间安全行车所必要的灯光,其中以前照灯最为重要。带继电器的照明设备如图3-4所示。

图3-3 起动基本原理

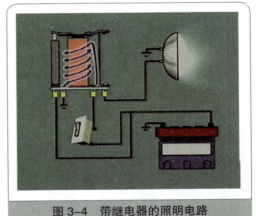

图3-4 带继电器的照明电路

4. 信号装置

信号装置包括电喇叭、闪光器、蜂鸣器及各种信号灯,主要用来提供安全行车所必要的信号。

5. 辅助电器

辅助电器包括电动刮水器、风窗洗涤器、空调器、低温起动预热装置、收录机、点烟器、防盗装置、玻璃升降器、座椅调节器等。辅助电器有日益增多的趋势,主要向舒适、娱乐、保障安全方面发展。

3.1.3　电子控制装置

电子控制装置（见图3-5）主要指由计算机控制的装置，如电子控制点火装置、电子控制汽油喷射装置、电子控制防抱死制动装置、电子控制自动变速器等，用来提高汽车的动力性、经济性、安全性，实现排气净化和操纵自动化。

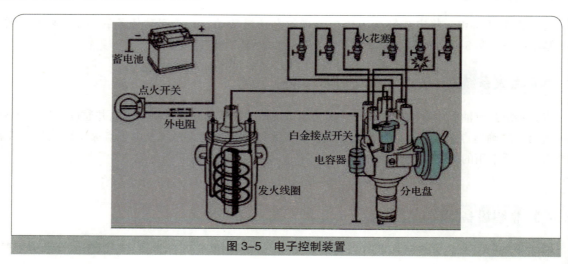

图3-5　电子控制装置

3.1.4　检测装置

检测装置包括各种监测仪表，如电流表、电压表、机油压力表、温度表、燃油表、车速里程表、发动机转速表和各种报警灯，用来监视发动机和其他装置的工作情况。弹簧式油压力报警灯电路如图3-6所示。检测装置的保险元件如图3-7所示。

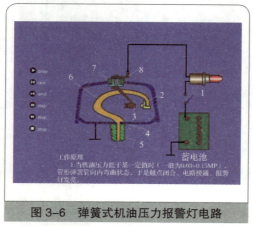

图3-6　弹簧式机油压力报警灯电路

1—指示灯；2—动触点；3—静触点；4—发动机润滑油；
5—固定螺口；6—管形弹簧；7—绝缘层；8—接线柱

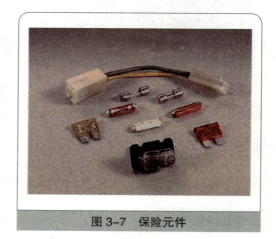

图3-7　保险元件

3.1.5　配电装置

配电装置包括中央接线盒、电路开关、熔断器、插接件和导线。

3.2 电气设备单向技能训练

3.2.1 汽车电器维修常用工具

1. 通导性测试笔（有源测试灯）

通导性测试笔如图3-8所示，用于测试某一电路是否具有完整的支路或是否具有通导性（不含电源）。

使用：将其与某一电路串联时，干电池将电流送入整条电路，如果电路是导通的，灯泡就会亮起。这是一种快速检测工具，但不能代替欧姆表。

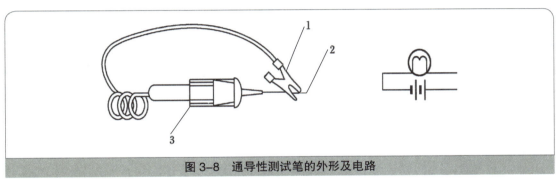

图3-8 通导性测试笔的外形及电路
1—鳄鱼夹；2—探针；3—手柄中电池及灯泡

通导性测试笔用于通导性电路检查，如图3-9所示。

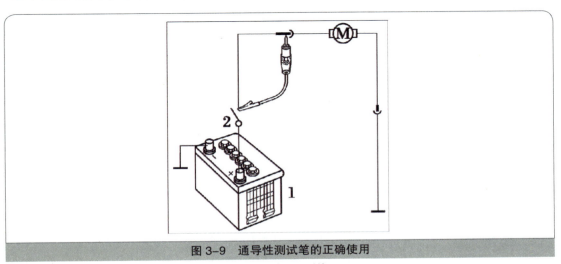

图3-9 通导性测试笔的正确使用
1—蓄电池；2—开关

测试目的：检查电路的导通性。

测试条件：无源电路（断开蓄电池或拆卸为所测电路供电的熔断器）既无外部供电，也无内部电源。

测试：选择两点，将通导性测试笔的两条引线连接至两点，灯泡会点亮，电路导通。

2. 试灯（无源测试灯）

12 V 试灯用于测量电路中是否存在电压。试灯的外形及电路如图 3-10 所示。

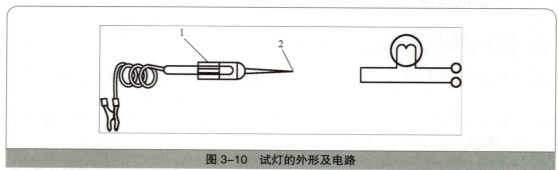

图 3-10　试灯的外形及电路

1—手柄中的灯；2—探针

注明：没有内部电池，而且其灯泡为 12 V 的。

使用：当试灯一头接地，另一头探针触到带电压的导体时，灯泡就会亮。

缺点：只能显示是否有电压，不能显示电压的高低，不能取代电压表。

试灯的使用实例如图 3-11 所示。

测试目的：测试所检测点是否有电压。

测试条件：通电。

使用方法：将试灯的一条端子接地，用另一条端子沿电路接触不同的点，检测是否有电压，如果试灯点亮，则表明检测点有电压。

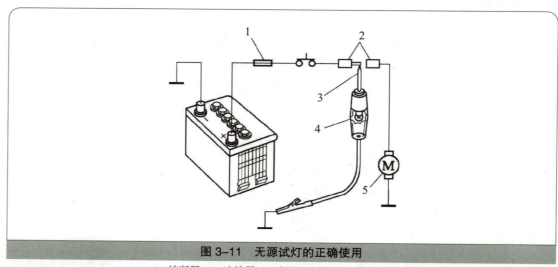

图 3-11　无源试灯的正确使用

1—熔断器；2—连接器；3—探针；4—测试灯；5—电动机

3. 跨接导线

跨接导线有时可作为故障诊断的辅助工具；可用于跨过某段被怀疑已断开的导线，而直接向某一部件提供电的通路；也可用于不依赖于电路中的开关或导线而向电路中加上电池电压。它可配上与通导性测试笔相同的探针和夹子，也可设计为各种特殊形式，如图 3-12 所示。

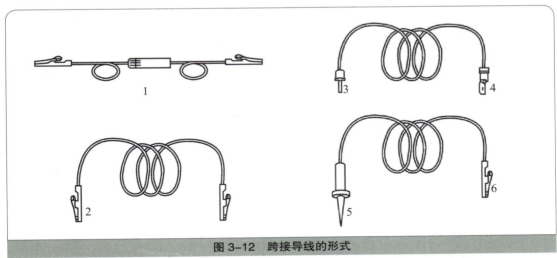

图 3-12　跨接导线的形式

1—带直列式熔断器的鳄鱼夹；2，6—鳄鱼夹；3—针形端子；4—接片端子；5—探针

跨接导线的使用：跨接导线是一种简单、有效的测试工具，它可以使电流"绕过"被怀疑是开路或断路的电路部分，从而使电路形成回路，进行通导性测试，如图 3-13 所示。

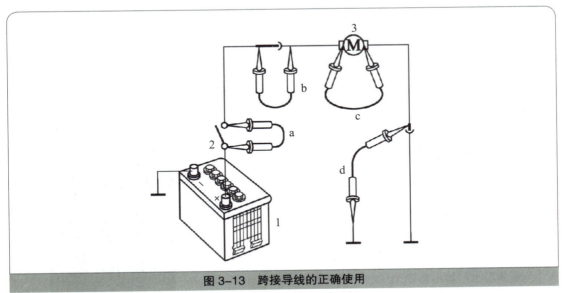

图 3-13　跨接导线的正确使用

1—蓄电池；2—开关；3—电动机

4. 指针式万用表

指针式万用表的外形及测量原理分别如图 3-14、图 3-15 所示。

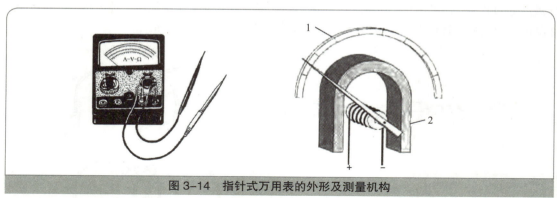

图 3-14 指针式万用表的外形及测量机构

1—表盘刻度；2—蹄形磁铁

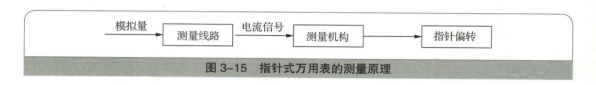

图 3-15 指针式万用表的测量原理

5. 数字式万用表

数字式万用表在许多方面都优于绝大多数型号的模拟式万用表，其中最主要的方面是它更准确。数字式万用表有一个测试值的电子数字读出装置，其测量原理如图 3-16 所示。

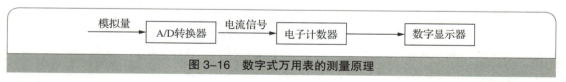

图 3-16 数字式万用表的测量原理

数字式万用表的测试对象：电阻、电压（交流、直流）、电流（交流、直流）、二极管等。

1）数字式万用表面板

数字式万用表大同小异，下面以 DT-830B 为例进行说明。DT-830B 面板如图 3-17 所示，图 3-17 所示为一种 DT-830B 数字式万用表的外形，下面对其面板等做简要介绍。

（1）液晶显示：显示范围为 -1 999~1 999，若被测电压或电流的极性为负，则显示值前带 "-"。当万用表电源电压低于工作电压时，显示箭头符号，应更换电池。若输入量超过量程，则显示屏左端会出现 "1" 或 "-" 以提示操作者。

（2）电源开关：电源处往往有 "POWER" 字样，

图 3-17 DT-830B 面板

下面注有"OFF"和"ON","OFF"表示关,"ON"表示开,即将开关扳至"OFF"表示万用表已被关掉,将开关扳至"ON"表示万用表接通电源,可以使用。DT-830B万用表是用选择开关来对电源进行开关控制的。

(3)选择开关:选择开关的使用与模拟式万用表相似。

(4)输入插孔:共有4个插孔,分别标有"10A""mA""COM""V·Ω"。

使用时:黑表棒应插入"COM"插孔,红表棒应根据被测量的种类和大小选择"10A""mA""V·Ω"插孔。在"V·Ω"和"COM"之间有"MAX 750V~1000V-",表示如从这两个孔输入交流电压,则有效电压不得超过750 V;如从这两个孔输入直流电压,则电压不得超过1 000 V。"COM"与"10A"之间有"MAX 10A","COM"与"mA"之间有"MAX 200mA",它们均表示输入的交流和直流电流的最大允许值。在DT-830B万用表中,"mA"和"V·Ω"共用一个插孔。

2)数字式万用表的使用

(1)直流电阻测量:使电源开关为"ON",选择开关转到"Ω"的合适量程挡,红表棒插入"V·Ω"插孔,黑表棒插入"COM"插孔,然后用红、黑表棒另一端分别接触被测负载的两端,测量读数。在DT-830B万用表中,只需将选择开关直接转到"Ω"的合适量程挡处即可。

读数:表面板上的数字是最大值,如200,读数是150表示150欧,读数是185表示185欧.如果测的数值超过最大值就要换挡。

(2)直流电压测量:使电源开关为"ON",选择开关转到"DCV"的合适量程挡,红表棒插入"V·Ω"插孔,黑表棒插入"COM"插孔,然后用红、黑表棒另一端分别接触被测负载的两端,测量读数。在DT-830B万用表中,只需将选择开关直接转到"DCV"的合适量程挡处即可。红表棒接要测量的直流电压的正极,黑表棒接被测电压的负极。

(3)直流电流测量:使电源开关为"ON",选择开关转到"DCA"的合适量程挡,红表棒插入"mA"插孔(若被测电流大于200 mA,选择开关只能选择200 mA/10 A,红表棒应插入"10A"插孔),黑表棒插入"COM"插孔,然后用红、黑表棒另一端分别接触被测负载的两端,测量读数。在DT-830B万用表中,只需将选择开关直接转到"DCV"的合适量程挡处即可。测电流时应与被测电路串联。

(4)电路通导性测试:
①将万用表的测试导线接入相应插孔(红表棒插入"V/W"插孔,黑表棒插入"COM"插孔)。
②将万用表的功能选择开关置于电路导通/二极管测试挡位。
③将万用表的两测试导线接入被测试电路。
④若万用表的蜂鸣器发出报警声,则表明所测电路没有断路情况。

(5)测量二极管:用数字式万用表的二极管挡位测量二极管,如图3-18所示。

3)万用表使用注意事项

(1)使用万用表之前,应充分了解各转换开关、专用插口、测量插孔以及相应附件的作用,了解其刻度盘的读数,应先进行"机械调零",即在没有被测电量时,使万用表指针指在零电压或零电流的位置上。

(2)在使用万用表的过程中,不能用手去接触表棒的金属部分,这样一方面可以保证测量的准确,另一方面可以保证人身安全。

(3)在测量某一电量时,不能在测量过程中换挡,尤其是在测量高电压或大电流时更应注意,否则会使万用表毁坏。如需换挡，应先断开表笔，换挡后再去测量。

（4）万用表一般应在水平放置、干燥、无振动、无强磁场的条件下使用。

（5）测量完毕，应将量程选择开关调到最大交流电压挡，防止下次开始测量时不慎烧坏万用表。如果长期不使用，还应将万用表内部的电池取出来，以免电池腐蚀表内其他器件。

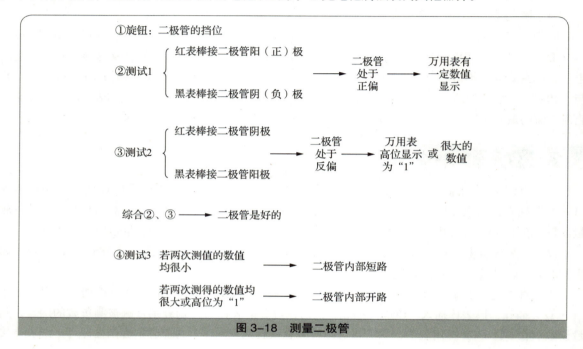

图 3-18　测量二极管

3.3　电源与用电设备的装配及调试

3.3.1　蓄电池的拆装与充电

汽车电源系统用于向汽车用电设备提供低压直流电能，以保证汽车在行驶中和停车时的用电需要，蓄电池和发电机共同构成汽车电源系统，如图 3-19 所示。

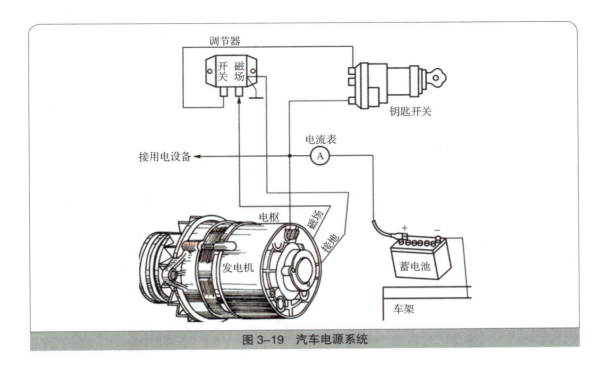

图 3-19　汽车电源系统

1. 铅酸蓄电池的型号与选用

铅酸蓄电池的型号由几部分组成，其内容及排列如下（见图 3-20）：

（1）串联单格电池数。串联单格电池数是指该电池总成所包含的单格电池数目，用一位阿拉伯数字表示。

（2）电池类型。电池类型根据其主要用途划分，用一个汉语拼音字母表示，起动型铅酸蓄电池用"Q"表示。

（3）电池特征。电池特征为附加部分，用一个汉语拼音字母表示，仅在同类用途的产品有某种特征而在型号中又必须加以区别时采用。

（4）额定容量。额定容量是指 20 h 放电率额定容量，用阿拉伯数字表示，单位为 A·h，在型号中可省略不写。有时在额定容量后面用一个字母表示特殊性能。

图 3-20　铅酸蓄电池

2. 蓄电池的选用原则

（1）和选用其他汽车外购件一样，要先选"型"，再选"号"。

（2）选用汽车蓄电池时首先要选起动型，然后选电压和容量。主要根据起动机要求的电压和容量来选择蓄电池，一般应满足连续起动3次以上的要求。

（3）每车尽量选用1个蓄电池，实在不行才选用2个蓄电池。若电压不够，则2个蓄电池串联，每个蓄电池的电压为总电压的1/2，但是新旧蓄电池不可混用。

博瑞1.8TSI DSG自带的蓄电池容量如图3-21所示。

图3-21　博瑞1.8TSI DSG自带的蓄电池容量

3. 蓄电池的充电方法

1）定流充电

在充电过程中，保持充电电流恒定的充电方法称为定流充电。

定流充电分两个阶段进行：

第一阶段的电流值一般为蓄电池额定容量的1/10，充电至单格电池端电压达2.4 V，而且电解液中放出气泡，再进行第二阶段的充电。

第二阶段的充电电流为第一阶段的1/2，充电至端电压和电解液密度在3 h内稳定不变。

定流充电有利于保持蓄电池的技术性能和延长使用寿命。

2）定压充电

在充电过程中，保持充电电压恒定的充电方法称为定压充电。汽车上的充电系统采用电压调节器实现对充电电压恒定的控制。

定压充电电压选择：一般每单格电池约需2.5 V，12 V电池需要充电电压约15 V。

定压充电的特点：充电效率高，开始4~5 h，就可获得90%~95%的充电量，可大大缩短充电时间。

定压充电电压选择合适时,电池充足后,充电电流会自动趋向于零,使充电自动停止,这就不必由人工经常调整和照管。

3)脉冲快速充电

脉冲快速充电采用自动控制电路对蓄电池进行正反向脉冲充电,可以提高充电效率,使用中的蓄电池补充充电只需 0.5~1.5 h。

脉冲快速充电的特点:充电时间短,省时;省电、节能,但对蓄电池的寿命有一定影响,仍需进一步改进。

4. 充电设备

汽车上采用的充电设备是由发动机驱动的交流发电机。

充电室采用的多为硅整流充电机、晶闸管整流充电机等,如图 3-22 所示。

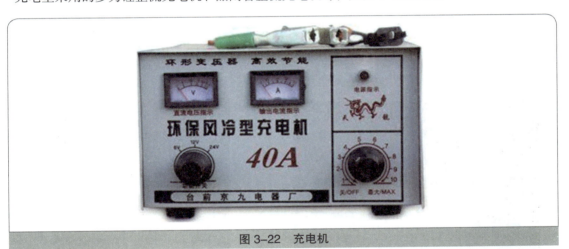

图 3-22 充电机

5. 蓄电池的安装位置

蓄电池一般安装在发动机舱内或行李厢内,如图 3-23 和图 3-24 所示。

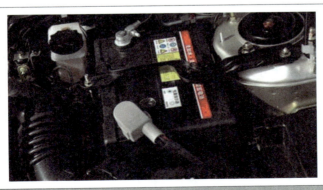

图 3-23 蓄电池装在发动机舱内

图 3-24　奥迪 A4 轿车蓄电池装在行李厢内备胎下

6. 蓄电池的拆装

接线柱的识别：为了便于区分，正接线柱附近标有"＋"或"P"记号，负接线柱附近标有"－"或"N"记号，有些蓄电池正接线柱上涂有红色油漆，如图 3-25、图 3-26 所示。

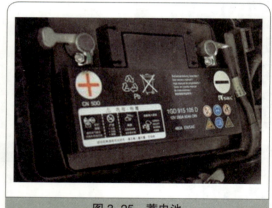

图 3-25　蓄电池

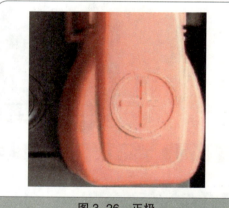

图 3-26　正极

蓄电池的拆卸：

（1）将点火开关置于断开位置，使全车用电设备与电源断开。拆卸时，先拆负极柱上的搭铁线，后拆正极柱上的起动机线。

（2）维修带故障自诊断功能的电脑系统，在拆蓄电池电线前，应先确认故障代码，或在点烟器上插上专用辅助电源，并将点火开关的"ACC"挡接通。

（3）若发现蓄电池接线柱螺栓锈蚀难以取出，切莫用锤或钳敲打，以避免极桩断裂、极板活性物质脱落。可用热水冲洗后，拧开螺栓，用夹头拉器将夹头取下。取下电池时应小心轻放，尽量用电池提把进行，如图 3-27、图 3-28 所示。

3.3 电源与用电设备的装配及调试

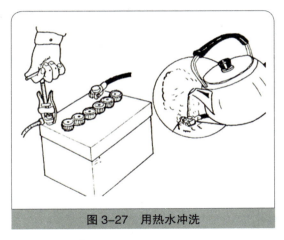

图 3-27 用热水冲洗

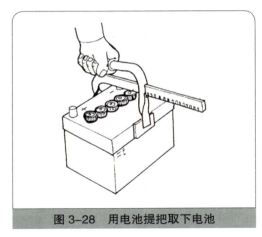

图 3-28 用电池提把取下电池

蓄电池的安装：

（1）安装蓄电池时，应认清正、负极，保证负极搭铁。先接起动机线（正极），再接搭铁线（负极），以防扳手跌落搭铁引起蓄电池短路放电。安装接头时，应先用细砂纸清洁接线柱和接线头。

（2）连接接线柱夹头时，螺栓上应先涂上凡士林或润滑脂，以防氧化生锈，便于以后拆卸。如接线柱小夹头大，需要加衬垫，最好用铅皮或铜皮，并且只垫半圈。若整圈垫，则易因氧化腐蚀而接触不良。

3.3.2 汽车大灯的拆装

1. 前大灯的更换（见图 3-29）

（1）打开发动机舱盖，观察前大灯背部的汽车部件布局情况。确定车的大灯型号，注意大灯的外玻璃下部车灯标识型号。

（2）拧下车灯盖，注意不同车型的拆除车灯盖的方法会有细微差别。

（3）用力拔下带电源线的灯座，拔时注意用手按住车灯以免损坏。

（4）松开灯座卡簧即可将车灯取出，而后重新装上新灯泡。装复的过程为拆卸的反序，这里不再赘述。注意重新装上防尘盖时一定要拧好，以免大灯受到雨水和灰尘的侵扰。

图 3-29 更换前大灯

2. 尾灯的更换

（1）打开行李厢盖，切断车辆电源，清理行李厢，留出能够进行更换的空间。

（2）拆下车灯背部的防尘板。大多数车灯分为两种形式：灯泡与灯座一体式和灯泡与灯座分开式，这里介绍前者。

（3）确定需要更换的车灯，按住车灯后部的旋转手柄，将其拧下。更换上新的车灯，注意车灯的型号及颜色。

（4）装复车灯及防尘板。一般来说，尾灯的拆装工作相对容易，一则工作空间较大，二则结构相对简单。

第 4 章　汽车发动机装配与调试

4.1　发动机装配工艺

发动机是汽车中最关键的部件之一。在汽车发动机装配过程中，由于被装配零件的多样性和工艺复杂性，要求每个环节的控制必须具备可靠性和一定的灵敏度，才能保证生产的连续性和稳定性。

装配过程对产品质量具有决定性的影响，成熟的发动机装配线可在节约成本的前提下，通过合理的工艺规程、正确的操作方法完成产品的组装，以满足质量要求。汽车发动机由成百上千个零部件组成，作为汽车的"心脏"，其制造技术是整车制造技术的集中体现。能否保证发动机具有良好的性能，实现可靠的运动，很大程度上取决于发动机制造过程的最后工序——装配。在汽车发动机的装配过程中，应严格按作业标准进行操作，特别是对装配质量有重要影响的项目应进行重点控制。

不同类型和不同品牌的发动机，除了结构存在一定的差异外，不同厂家的工艺装备也有较大的差异，所以装配工艺都会有所区别。装配流程则是大同小异，质量控制参数的项目一般也是相同的。

从发动机的构造来看，根据各零部件的总成和功能，发动机分为机体组、曲柄连杆机构、配气机构、燃料供给系统、电子控制系统、冷却系统、润滑系统和起动系统 8 个部分。

4.1.1　气缸体装配

气缸体的装配项目主要有装配气缸套、各种水堵和油堵等零件，装配工作往往在机加工线完成。

气缸体加工装配的基本流程为：铸造毛坯件按照先基准后其他、先面后孔的原则，先精铣基准面，再铣其他平面，钻油道孔、水道孔、螺纹孔，镗气缸套座孔，然后压装气缸套，安装主轴承盖，再镗、铰主轴承座孔，镗、珩磨气缸孔，清洗缸体总成，安装水堵和油堵，检验合格后送总装线。

气缸套压装可以使用通用压力机械，也可以使用专用的气缸套压装机，或者使用机器人。

气缸体加工装配过程中，与装配相关的重点检验项目主要有缸套凸出量检测、气缸孔和主轴承座孔的分组、气缸体总成的泄漏检测，外观检测项目主要有缸体与其他零部件的安装密封面、气缸套内孔和主轴承座孔表面质量检测。

4.1.2 曲轴装配

发动机曲轴如图 4-1 所示。曲轴组件是曲柄连杆机构的两大组件之一，其作用是将活塞连杆组传过来的往复运动转换为旋转运动，向外输出动力并带动其他机构的运动，主要包含曲轴、正时齿（带、链）轮、主轴瓦、飞轮、压力变矩器、扭转减震器等零部件。

图 4-1 发动机曲轴

曲轴组件装配质量的重点控制项目有主轴瓦的选配和主轴承盖的拧紧度控制，主要检测项目有曲柄回转力矩和轴向间隙的测量。

曲轴装配前，使用主轴承盖螺栓拧松机拧松主轴承盖螺栓，由胀开装置使主轴承盖与轴承座分离，取下主轴承盖，按顺序放置于轴承盖盒内。曲轴就位可以使用通用或专用吊装设备、助力机械手，也可以使用装配机器人。

安装曲轴时，应注意：
（1）主轴瓦是否安装。
（2）主轴承盖上的顺序标记是否与实际相符。
（3）主轴承盖上的朝前标记是否朝向发动机前方，或检查气缸体主轴承座和轴承盖的轴瓦定位槽是否位于同一侧。
（4）按规定拧紧主轴承盖螺栓，一般使用两轴螺栓拧紧机拧紧。

检查工作可以通过人工完成，也可以使用设备自动检查。如可以使用激光测距仪检测主轴承盖厚度，判断主轴瓦是否安装，安装轴瓦厚度会增加，如果厚度较小，则说明主轴瓦未安装。也可以采用充气法检测主轴瓦状态，向通往曲轴油道的通路中充气，随后保持充气压力，如果没有安装轴瓦，压力就会快速下降。主轴承盖的方向则可以使用具有图像识别功能的视觉检测系统判断，通过摄像头读取方向标志物形状并与标准图形进行比较，从而判断安装的正确性。

4.1.3 活塞连杆组装配

活塞连杆组是曲柄连杆机构两大组件之一，包括活塞、活塞环、活塞销、连杆总成和连杆轴瓦等，主要作用是承受气缸中的气体爆发压力，并将此力传递给曲轴。（见图 4-2）

活塞连杆组工作条件恶劣，机构受力复杂，对其装配质量的重点控制项目是机构的动平衡、运动副配合间隙和连杆螺栓拧紧力矩的控制，采取的措施主要是应用分组选配技术以获得各缸运动部件质量和配合间隙的均衡性，对拧紧过程进行全程监控。主要检测项目有活塞连杆的安装方向、活塞环的开口方位、曲柄连杆机构整体回转力矩等。

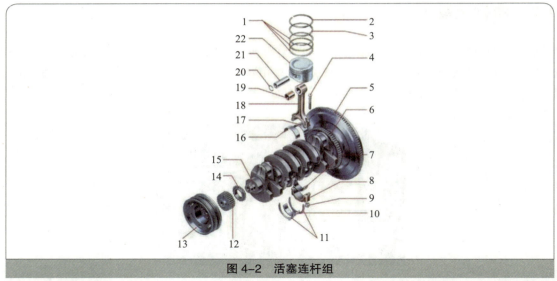

图 4-2 活塞连杆组

1—油环；2—第一道气环；3—第二道气环；4—连杆螺栓；5—飞轮；6—转速传感器脉冲轮；7—连杆大头下轴瓦；8—连杆盖；9—连杆螺母；10—主轴承下轴瓦；11—止推片；12—曲轴正时齿带轮；13—带轮；14—曲轴链轮；15—曲轴；16—主轴承上轴瓦；17—连杆大头上轴瓦；18—连杆；19—连杆小头轴瓦；20—卡环；21—活塞销；22—活塞

4.1.4 气缸盖装配

气缸盖是配气机构的安装本体，密封气缸体上表面，并与活塞顶部和气缸孔共同形成燃烧室，承受发动机工作时可燃混合气产生的高温气体压力和周期性的热冲击。

气缸盖的装配内容主要包括配气机构大部分零件和油堵与水堵等，主要的装配工作在缸盖分装线完成，另有小部分如气门导管、气门座圈等在机加工线装配。装配质量的重点控制项目有气门座圈密封面和气门导管的同轴度、缸盖螺栓拧紧度的控制、安装正时机构时保证配气相位的准确性，主要检测项目有气缸盖的密封性能、气门和座圈的密封性能。

4.1.5 燃料供给系统装配

燃料供给系统主要由燃油供给系统、进气系统和排气系统组成。

（1）燃油供给系统装配质量重点控制项目是安装燃油滤清器和安装分油器—喷油器总成。控制要点如下：

①安装燃油滤清器时，应保持结合面的清洁，防止灰尘和杂物进入滤清器内部。滤清器的结合面上有一密封圈，安装时应保护好密封圈，以防划伤而导致密封不良。

②分油器—喷油器的总成包括分油器（油轨）、喷油器等燃油供给系统的关键部件，总成的装配质量直接关系到燃油供给系统能否正常工作。

（2）进气系统装配质量控制项目主要是对进气歧管装配质量的控制，控制要点如下：

各相似车型的进气歧管总成不允许互换或误装，误装将导致发动机怠速不稳、换挡时速度不平顺。进气歧管、进气歧管垫、缸盖安装面均要求有良好的平面度和表面质量，原则上不允许有划伤、砂孔等缺陷，否则会使结合面不密封而导致漏气现象。

（3）排气系统装配质量控制项目主要是对排气歧管装配质量的控制，控制要点如下：

①排气歧管通过螺栓固定在缸盖上，螺栓的拧紧力矩必须得到保证，否则会导致漏气、排气管异常振动等现象出现。

②排气歧管、排气歧管垫、缸盖安装面均要求有良好的平面度和表面质量，原则上不允许有划伤、砂孔等缺陷，以防漏气。

③排气歧管罩应良好、紧固地安装在排气歧管上，保证发动机舱内的其他部件不受排气高温的损害。

④三元催化转化装置属于贵重易碎物品，安装时需要小心谨慎。

4.1.6 电子控制系统装配

发动机电子控制系统由传感器、电子控制单元（Electronic Control Unit，ECU）和执行器组成。传感器把发动机的工作状态参数以电子型号和数据的形式输入电子控制单元，电子控制单元将输入信号与存储器内的设定值进行比较，然后向燃油供给系统、点火系统、进气和排气等系统发出相应的信号指令，使发动机发挥最佳工作性能。

电子控制系统的装配重点控制项目有检查线束是否有破损、接插件接插可靠和正确无误、线束固定牢固、防止电子控制单元和传感器与执行器碰撞变形或损坏等。

如果线束破损，将导致线路短路，严重时还会引发火灾。接插件接插不牢固，接头接触不良，将导致电子控制系统工作不稳定或完全不能工作。接插件接插错误，电子控制系统不能正常工作，还有可能损坏电控元器件。线束固定不牢固，长时间使用后有可能松脱而与周围零件碰擦，磨破绝缘层后导致电路短路。电子控制单元在剧烈碰撞下有可能使元器件焊点松动，导致线路接触不良。电控元器件变形或损坏后，将不能正常工作或完全不能工作。安装时应严格按照工艺规程进行操作，保证装配质量。

4.1.7 冷却系统装配

发动机的冷却方式一般可分为水冷式和风冷式两种，水冷式比风冷式冷却效果要好，车用发动机多采用水冷式冷却系统。

水冷式冷却系统的主要部件包括水泵、节温器和散热器。

安装水泵时，检查水泵与气缸体相接触的表面，应无损伤及其他缺陷。在水泵与气缸体相接触表面处应加密封垫并涂密封胶，以防冷却液泄漏。若水泵采用皮带传动，还应将皮带张紧力调整到标准值。

安装节温器时，不能让支架、阀门承受过大的外力，防止其变形而致阀门密封不严。

散热器的散热管管壁很薄，散热片的厚度也很薄，极易损伤，安装时应注意保护，不能使它们受到碰撞。

4.1.8 润滑系统装配

润滑系统的作用是连续不断地将一定压力的机油运送到相对运动的各摩擦表面，防止金属表面直接接触，减少零件间的摩擦和磨损，并起到冷却和清除磨粒的作用。

润滑系统的主要部件有机油泵、集滤器、油底壳、机油滤清器、机油压力开关等。

安装集滤器时应注意不要触及其内部金属网或使其变形，否则将影响过滤效果。

机油滤清器安装前需保证安装座表面光洁无杂质，安装时必须保证滤清器密封面与安装座面平行拧紧，否则将可能导致发动机高速运转时机油泄漏，发生严重事故。

油底壳用来收集与存放机油，并有一定的散热作用。一般采用钢板冲压或者铝合金压铸两种方式制成。

钢板冲压而成的油底壳，一般在油底壳内外涂有耐腐蚀、耐油、耐涂热层。安装此类油底壳，除注意在安装面涂胶防止漏油之外，还需要特别注意保护壳体表面的耐腐蚀涂装不被刮伤，否则涂装刮伤处极易被腐蚀进而导致壳体穿孔漏油的严重事故。

铝合金压铸油底壳，与薄钢板冲压件相比有更好的强度和刚性，对降低发动机的振动和噪声有很大好处。安装此类油底壳，除注意在安装面涂胶防止漏油之外，还需要特别注意防止壳体安装面不被碰伤、变形等，否则也将由于密封不良而导致漏油。

4.1.9 起动系统装配

起动系统的主要部件有起动机、蓄电池等。安装起动机时，应保证起动机的凸缘面与发动机上的起动机安装座面平行，否则会导致起动时驱动齿圈与飞轮齿圈接触不良。

4.1.10 最终检验

发动机总装的最终检验项目主要有发动机总成泄漏实验和外观检查。泄漏实验使用发动机总成试漏机分别对发动机冷却液系统、燃油系统和润滑油系统进行密封性测试，测试的结果应满足规范要求。外观检查主要采用目视和触摸方式，检查是否存在错、漏装的情况和内部是否有异物等，如防水塞、发动机吊钩、机油尺、通气软管、隔热罩螺栓、机油冷却软管等是否漏装，出水接头和氧传感器是否误装等。

4.2 发动机装配线各工位操作

由于各功能部分在物理结构上并不完全独立，而是相互混叠，因此不能按照其功能模块设计装配工艺，一般是按照先内后外、先下后上的原则安排装配流程。

下面以沃尔沃发动机装配线各工位的操作为例进行介绍。

4.2.1 STN-110 工位操作

	（1）将小车推入工位； （2）放2个机油冷却器垫蜀到发动机上
	（3）将机油冷却器放到发动机上，预拧4颗螺栓
	（4）拧紧机油滤清器上的4颗螺栓
	（5）润滑发动机上机油滤清器管安装孔； （6）在机油冷却器管上装上密封圈

	（7）将机油冷却器管插入发动机安装孔,并预拧1颗固定螺栓
	（8）拧紧机油冷却器管固定螺栓
	（9）将轴承座放到缸体安装位置,并预拧4颗螺栓

4.2 发动机装配线各工位操作

	（10）从标签打印机上取下标签，放到发动机上； （11）将小车推出工位

4.2.2 STN-150 工位操作

	（1）将小车推到工位上； （2）扫描发动机零件号和序列号； （3）将缸体上出油管的安装接头润滑
	（4）拧紧轴承座 4 颗固定螺栓
	（5）将涡轮增压器进水管软管两头润滑，装到涡轮增压器进水管上，套上 1 个卡箍并夹紧； （6）连接涡轮增压器进水管到发动机分水管上

65

	（7）放排气歧管垫片到发动机上
	（8）取涡轮增压器放置到发动机上； （9）扫描涡轮增压器条码
	（10）在涡轮增压器上取出 2 个防尘罩
	（11）在涡轮增压器固定螺栓上放 12 个垫圈（注意方向）； （12）预拧 12 颗螺母到螺栓上（用手带 2~3 扣）

4.2 发动机装配线各工位操作

	（13）将密封圈装到出油管上，并拿取垫片和螺栓； （14）将出油管插到发动机上，然后装上垫片，并预拧2颗螺栓
	（15）润滑旁通管靠近蓝点的那头
	（16）将旁通管安装到涡轮增压器上，然后卡接到发动机上
	（17）拧紧涡轮增压器的12颗固定螺母

	（18）拧紧出油管的2颗螺栓
	（19）用手电检查D形圈是否有损坏
	（20）读下一工号，将小车推出工位

4.2.3　STN-130 工位操作

	（1）将小车推到工位上； （2）扫描发动机零件号和序列号

4.2 发动机装配线各工位操作

	（3）拧紧皮带保护罩上端的2颗固定螺栓
	（4）拧紧皮带保护罩下端的2颗螺栓
	（5）拧紧皮带保护罩下盖的2颗螺栓
	（6）润滑安装张紧轮的螺栓孔

	（7）安装张紧轮； （8）拧紧 1 颗螺栓
	（9）安装发动机前端支架，并预拧 M8 螺栓
	（10）拧紧皮带保护罩后盖的 1 颗螺栓
	（11）拧紧惰轮的 2 颗固定螺栓

	（12）拧紧发动机前端支架上的1颗M10螺栓和1颗M8螺栓
	（13）将排气正时齿轮（EX）安装到发动机上（左边），预拧1颗螺栓
	（14）用电钻预拧进气/排气正时齿轮上面的2颗螺栓
	（15）安装凸轮轴零点锁止工装，调整并锁止； （16）安装曲轴零点锁止工装，调整并锁止

	（17）安装正时皮带到发动机上
	（18）安装张紧轮，紧固装上工装
	（19）顺时针拧紧张紧轮，并紧固工装手柄
	（20）拧紧正时齿轮的第1颗螺栓

4.2 发动机装配线各工位操作

	（21）拧紧正时齿轮的第2颗螺栓
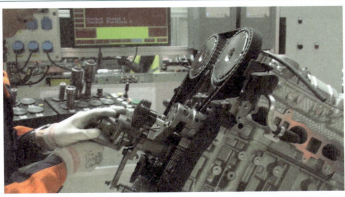	（22）手动调整好张紧轮
	（23）拧紧张紧轮螺栓，并检查其能否正常工作
	（24）移除张紧轮，并紧固工装

（25）用工装在正时齿轮上打标记，并检查标记是否良好

（26）预拧 2 个堵头到正时齿轮

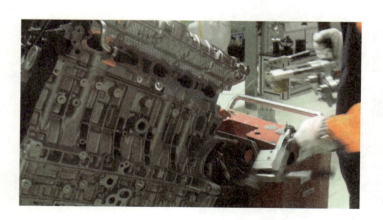

（27）移除用于锁定曲轴和凸轮轴的工装；
（28）读一下工号；
（29）将小车推出工位

4.2.4　STN-140 工位操作

（1）将小车推到工位上；
（2）扫描发动机零件号和序列号

（3）拧紧正时齿轮上的 2 个堵头

（4）堵头和铜垫片装在一起，然后拧紧到发动机上；
（5）拧紧堵头

（6）将减震器装到发动机上，并预拧 1 颗螺母

	（7）用工装将减震器螺母拧紧
	（8）用电转预拧减震器的 4 颗螺栓； （9）拧紧减震器的 4 颗螺栓
	（10）转换工装状态（调到水平，然后朝排气侧针旋 45°）
	（11）按按钮

4.2 发动机装配线各工位操作

	（12）将爆震传感器安装到发动机上，然后预拧2颗螺栓
	（13）拧紧爆震传感器上的2颗螺栓
	（14）将进气歧管垫片安装到发动机上，然后预拧3颗组合螺栓
	（15）将进气歧管下腔安装到发动机上，然后预拧3颗组合螺栓

77

	（16）拧紧正时齿轮的第2颗螺栓
	（17）润滑滤清器软管两头； （18）检查滤清器黑白密封垫，然后连上滤清器软管并装到发动机上
	（19）预拧滤清器的4颗螺栓； （20）读一下工号； （21）将小车推出工位

4.2.5　STN-170 工位操作

	（1）将小车推到工位上； （2）扫描发动机零件号和序列号； （3）检查节温器密封圈，然后装到发动机上并预拧 3 颗螺栓
	（4）拧紧节温器的 3 颗螺栓
	（5）拧紧滤清器的 4 颗螺栓
	（6）润滑软管两头，然后分别套上 2 个卡箍并连接到滤清器和发动机上

	（7）将曲轴箱通风管润滑，套上1个卡箍，连接到进气歧管下腔
	（8）夹紧软管和曲轴箱通风管处的3个卡箍
	（9）将空调支架和发动机托架放到发动机上
	（10）预拧空调支架处的8颗螺栓

4.2 发动机装配线各工位操作

	（11）安装张紧器到发动机上，然后预拧1颗螺栓
	（12）拧紧空调支架处6颗螺栓（包括张紧轮）
	（13）拧紧空调支架处2颗螺栓
	（14）拧紧发动机托架上的1颗螺栓

	（15）转换工装状态，使上侧在上； （16）按按钮
	（17）安装飞轮传感器到飞轮传感器支架上，然后预拧1颗螺栓； （18）将飞轮传感器支架安装到发动机上，然后预拧2颗螺栓
	（19）拧紧飞轮传感器支架处的2颗螺栓
	（20）拧紧飞轮传感器另外1颗螺栓

4.2 发动机装配线各工位操作

（21）预拧暖风管到发动机上

（22）放入暖风管，拧紧工装

（23）拧紧暖风管

4.2.6 STN-180 工位操作

	（1）将小车推到工位上； （2）扫描发动机零件号和序列号； （3）将后吊耳放到发动机上，然后预拧1颗螺栓
	（4）预拧单向阀到发动机上
	（5）将单向阀拧紧
	（6）装到进气凸轮轴转子发动机上，并预拧1颗螺栓

4.2 发动机装配线各工位操作

	（7）安装排气凸轮轴转子到发动机上，并预拧1颗螺栓
	（8）拧紧凸轮轴转子上的2颗螺栓
	（9）将适配盘装到发动机上，并预拧3颗螺栓
	（10）拧紧适配盘上的3颗螺栓

85

	（11）将真空泵安装到适配盘上，然后预拧3颗螺栓
	（12）拧紧真空泵上的3颗螺栓
	（13）将多用支架放到发动机上，然后预拧2颗螺栓
	（14）拧紧多用支架上的2颗螺栓

4.2 发动机装配线各工位操作

	（15）润滑所有喷油嘴的密封圈； （16）润滑燃油轨道上的油压传感器孔
	（17）将燃油油压传感器安装到燃油轨道上，然后预拧1颗螺栓； （18）安装燃油轨道上的O形圈
	（19）放5个喷油嘴到工装上
	（20）将燃油油压传感器倒放在工装上，旋转工装，并拧紧1颗螺栓

87

	（21）将燃油轨道工装向后旋转90°
	（22）拧紧3颗螺栓
	（23）将燃油油压传感器1颗螺栓旋紧
	（24）润滑燃油管，并卡装到燃油轨道上； （25）将夹子装配到燃油轨道上

4.2 发动机装配线各工位操作

	（26）将燃油轨道安装到发动机上
	（27）取两个支架
	（28）将两个支架放到燃油轨道上
	（29）拧紧燃油支架上的3颗螺栓

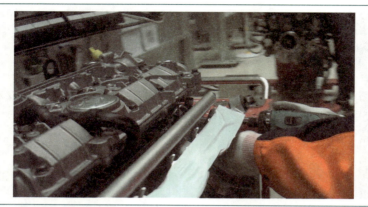

(30)预拧燃油管上的2颗螺栓

(31)预拧3颗螺栓;
(32)读一下工号,将小车推出工位

4.2.7　STN-190 工位操作

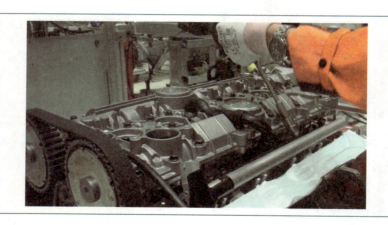

(1)将小车推到工位上;
(2)扫描发动机零件号和序列号;
(3)拧紧支架上的3颗螺栓

4.2 发动机装配线各工位操作

	（4）拧紧燃油管上的2颗螺栓
	（5）分别润滑发动机上进气/排气电磁阀、加油管和凸轮轴位置传感器的安装孔内壁
	（6）按按键； （7）检查进气电磁阀和排气电磁阀密封圈是否良好，然后安装到发动机上
	（8）用手动螺丝刀辅助预拧进气电磁阀和排气电磁阀的2颗螺栓

	(9)将机油加注管安装到发动机上,然后预拧2颗螺栓
	(10)拧紧机油加注管上的2颗螺栓
	(11)拧紧进气电磁阀和排气电磁阀上的2颗螺栓
	(12)安装5个点火线圈,然后预拧5颗螺栓

4.2　发动机装配线各工位操作

	（13）拧紧点火线圈上的 5 颗固定螺栓
	（14）安装 2 个凸轮轴位置传感器，然后预拧 2 颗螺栓
	（15）拧紧凸轮轴位置传感器上的 2 颗螺栓
	（16）将 3 个堵头装到发动机上

	（17）将1个凸轮轴盖安装到发动机上

	（18）取偏口钳，剪断线束上的绳子； （19）扫描线束型号； （20）将线束放到发动机上
	（21）取1根橡皮筋，将线束绑起来（防止其拖在地上）

4.2 发动机装配线各工位操作

（22）连接到飞轮传感器上；
（23）连接到2个凸轮轴位置传感器上；
（24）连接到5个点火线圈上；
（25）读一下工号；
（26）将小车推出工位

4.2.8　STN-200 工位操作

（1）将小车推到工位上；
（2）扫描发动机零件号和序列号；
（3）连接到电磁阀进气口和电磁阀排气口

（4）整理并连接到氧传感器/TCV电缆上；
（5）检查TCV线缆是否连接良好

	（6）将线束连接到节温器上
	（7）将线束连接到 5 个喷油器上
	（8）将线束连接到燃油油压传感器上
	（9）预拧 2 颗螺栓，将线束上的接地线固定到缸盖上

4.2 发动机装配线各工位操作

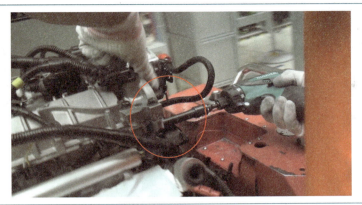	（10）预拧 2 颗螺栓，将线束固定到发动机后侧
	（11）拧紧 2 颗接地线上的螺栓
	（12）拧紧发动机后侧的线束上的 2 颗螺栓
	（13）将工装转换 45°（朝排气侧旋转 45°）

	（14）按按键； （15）将进气歧管下腔上的胶布去掉
	（16）润滑进气歧管相应的接口外壁，然后和旁通管连接到一起； （17）将进气歧管装到发动机上
	（18）将线束上有压力传感器的一头卡接到进气歧管上
	（19）预拧进气歧管上的6颗螺栓

4.2 发动机装配线各工位操作

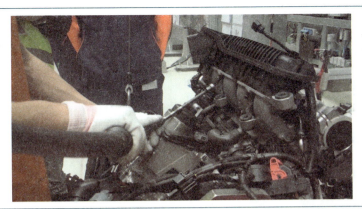	（20）拧紧进气歧管的 6 颗螺栓
	（21）将前吊耳放到发动机上，然后预拧 2 颗螺栓； （22）拧紧前吊耳上的 2 颗螺栓
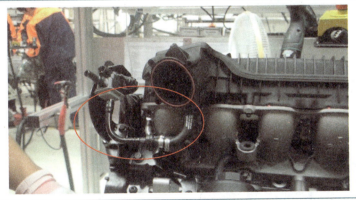	（23）将炭罐软管套上 1 个卡箍，润滑，然后插到进气歧管上
	（24）预拧 1 颗销钉螺栓到炭罐软管上

（25）连接靠前侧的爆震传感器；
（26）连接到滤清器等3处位置上

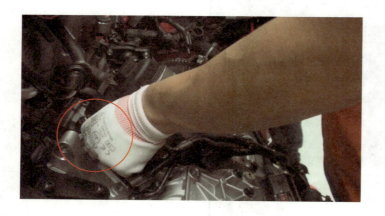

（27）连接靠后侧的爆震传感器；
（28）读一下工号；
（29）将小车推出工位

4.2.9　STN-210 工位操作

（1）将小车推到工位上；
（2）将燃油管的保护帽取下放到小车盒子里；
（3）将燃油管连接到泄漏测试仪上

4.2 发动机装配线各工位操作

	（4）起动泄漏测试仪
	（5）扫描发动机零件号和序列号
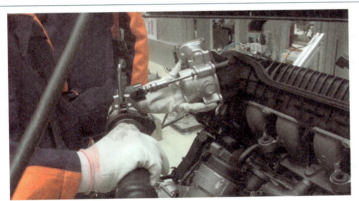	（6）将电子节气门模块装到发动机上，然后拧紧4颗螺栓
	（7）将卡夹套到线束黄色标记上，拧紧1颗螺栓

	（8）将炭罐软管上的1颗销钉螺栓拧紧
	（9）夹紧炭罐软管处的卡箍
	（10）将炭罐软管（长）连接到炭罐软管上，然后卡接到发动机各处
	（11）卡接到进气歧管上，炭罐软管共3处

4.2 发动机装配线各工位操作

	（12）连接到电子节气门模块上
	（13）将线束挂到张紧轮上
	（14）整理后侧线束，保证线束走向顺畅； （15）将线束捆起来，挂到机油加注口上
	（16）转换工装状态（使上侧朝正上）

	（17）将压力传感器安装到发动机上，然后拧紧1颗螺栓
	（18）拆除泄漏测试管； （19）拧紧1颗螺栓
	（20）按按钮； （21）在合格的点火线圈和凸轮轴传感器上涂绿点
	（22）将小车转到绿刻度，再升到最高位置

第 5 章 汽车底盘装配与调试

底盘的作用是安装和支撑汽车各种总成及零部件，形成汽车整体造型，并使汽车产生驱动力、制动力以及改变行驶方向，以保证其正常运行。

底盘装配的主要项目包括油管、油箱、隔热板、动力总成、悬架、排气管、挡泥板、轮胎等的装配。

5.1 底盘装配流程及工艺概述

5.1.1 底盘装配流程

汽车底盘由传动系统、行驶系统、转向系统和制动系统四大系统组成，如图 5-1 所示。

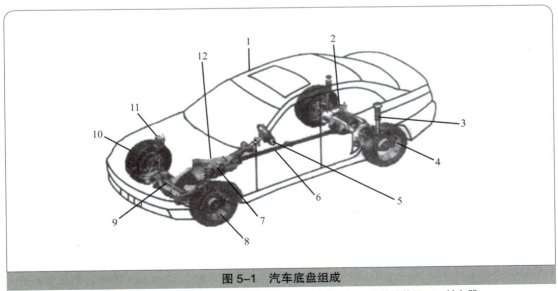

图 5-1 汽车底盘组成

1—车身；2—后桥；3—后悬架；4—后制动器；5—转向盘；6—方向传动装置；7—转向器；
8—前制动器；9—转向桥；10—前轮；11—前悬架；12—变速器

1. 传动系统

传动系统的作用是将发动机的动力传递给驱动轮。传动系统一般由离合器、手动变速器、万向传动装置、减速器和差速器等组成，如图 5-2 所示。使用了自动变速器的车辆就没有离合器，四轮驱动的车辆，传动系统还包括分动器。分动器的作用是将变速器传来的动力分配给前、后驱动轮。

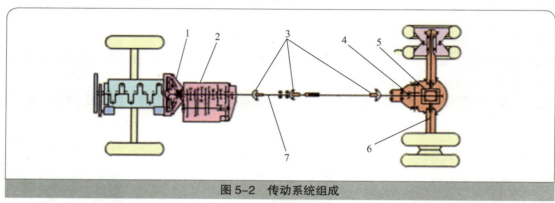

图 5-2 传动系统组成

1—离合器；2—变速器；3—万向节；4—主减速器；5—差速器；6—半轴；7—传动轴

2. 行驶系统

行驶系统的作用是使汽车各总成部件安装在合适的位置，传递和承受发动机与地面传来的力和力矩，对全车起支撑作用，保证汽车正常行驶。行驶系统由车架、车桥、悬架和车轮等组成，如图 5-3 所示。

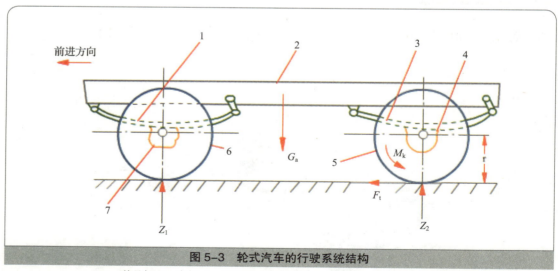

图 5-3 轮式汽车的行驶系统结构

1—前悬架；2—车架；3—后悬架；4—驱动桥；5—后轮；6—前轮；7—从动桥

行驶系统将汽车构成一个整体是通过车架实现的，车架是全车装配和支撑的基础。但大多数轿车没有车架，是通过车身兼做车架和副车架共同起到车架的作用，如图 5-4 所示，汽车车桥在车架（或车身）和车轮之间传递各种力和力矩。

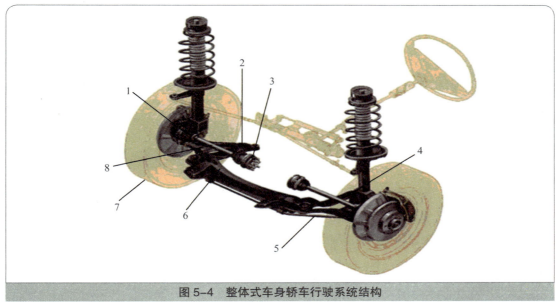

图 5-4 整体式车身轿车行驶系统结构

1—外等速万向节；2—发动机悬置；3—内等速万向节；4—悬架摆臂；5—横向稳定杆；6—副车架；7—车轮；8—传动轴

普通轿车的前桥为转向驱动桥，转向驱动桥既包括转向桥的部件，也包括驱动的部件，如传动轴及等速万向节。车轮分别支撑着前桥和后桥，安装在驱动桥的为驱动轮，安装在转向桥的为转向轮。如果前桥为转向驱动桥，那么前轮为转向驱动轮，后轮一般为支撑轮。连接车桥和车轮间的所有部件，即悬架，它可减少车辆在不平路面上行驶时车身所受到的冲击和振动。

3. 转向系统

转向系统的作用是控制汽车转向行驶，适时改变方向。转向系统由转向操纵机构、转向器、转向传动机构等组成，如图5-5所示。现代汽车普遍采用动力转向装置。

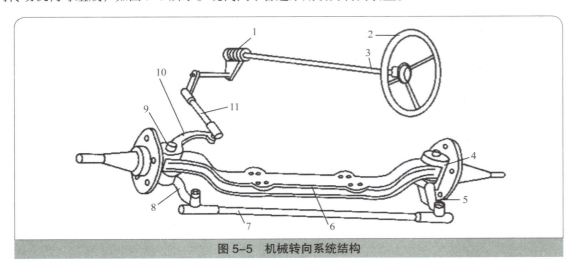

图 5-5 机械转向系统结构

1—转向器；2—转向盘；3—转向柱；4—转向节；5，8—梯形臂；6—前轴；7—横拉杆；9—主销；10—转向节臂；11—直拉杆

现在汽车动力转向系统的应用，可以让转向省力又快捷。动力转向系统由动力转向装置和机械转向装置组成，机械转向装置也是由转向操纵装置、转向器和转向传力装置组成的。如图5-5所示，

动力转向系统由储油罐、转向油泵、转向控制阀和转向动力缸等组成。

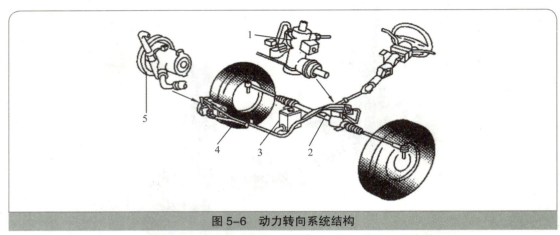

图 5-6　动力转向系统结构

1—转向器；2—转向动力缸；3—储油罐；4—转向油泵；5—助力泵

4. 制动系统

制动系统俗称刹车系统，按作用和结构特点可分为行车制动系统和驻车制动系统。制动器结构可分为鼓式制动器和盘式制动器，如图 5-7 所示。驻车制动器在停车时用手操作，行车制动器在汽车行驶时用脚控制。

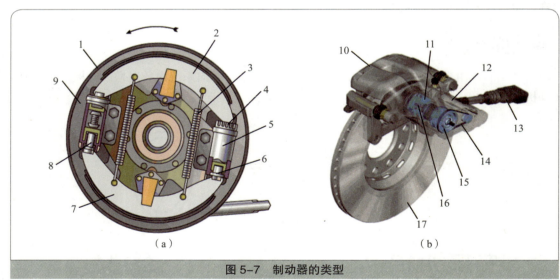

图 5-7　制动器的类型

(a) 鼓式制动器；(b) 盘式制动器

1—制动鼓；2，7—制动蹄；3—回位弹簧；4—调整螺母；5—制动轮缸；6—支座；8—可调支座；9—制动底板；10—制动钳；11—制动活塞；12—电动机；13—供电接头；14—齿形皮带；15—斜轴轮盘；16—螺杆；17—制动盘

目前，制动防抱死系统（Anti—lock Braking System，ABS）在轻型商用车和乘用车中有广泛的应用。汽车在紧急制动时，若使前轮抱死，将失去转向能力；若将后轮抱死，则会出现甩尾或调头，引起跑偏及侧滑，尤其当路面潮湿时，对行驶安全危害极大。ABS 能在车轮将要抱死时降低制动力，而在车轮没有抱死时又增加制动力，如此反复动作，以获得最佳的制动效果。

目前常见的制动系统包括液压制动（见图 5-8）、气压制动和气液制动三种形式。

5.1 底盘装配流程及工艺概述

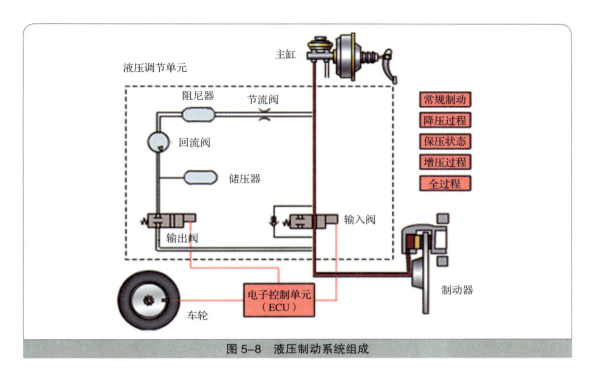

图 5-8 液压制动系统组成

5.1.2 底盘装配工艺概述

1. 什么是工艺

工艺就是从原材料到成品的过程和方法。它包含的内容非常广泛，包括工艺文件、工艺纪律检查、工具、设备、人员、装配顺序、现场等。它是人类在劳动中积累起来并经过总结的操作技术经验。工艺工作包括工艺管理、工艺技术、工艺装备和工艺人员培训等内容。

2. 工艺的重要性

工艺是产品生产的主要依据，科学合理的工艺是生产优质产品的决定因素，是客观规律的反映，也是工人在生产中正确进行加工操作的依据。合理的工艺，是必须经过反复试验和正确设计来确定的，能起到指导生产的作用，促进生产质量、效益的提高。

3. 底盘工艺纪律

（1）坚持三不原则：不接收不良品（即所使用的零件无明显可见缺陷，如开裂、变形、油漆不良、铆接不良、扭曲、凹凸不平等）；不制造不良品（如滑丝、划伤、磕碰伤等）；不流出不良品（加强自工序不良品的在线返修）。

（2）坚持三自控制：对于本工序产品的操作者，坚持自检、自查、自做标记的原则。

（3）产品一致性原则：供给同批次厂家所采用零部件供应商的一致性；同一供应商零件外形状态一致性；装配状态一致性。

（4）作业者必须严格按照作业书的作业顺序、作业手法、作业标准等执行，不得私自进行变更和改变。

（5）改制单、临时任务单、试装通知单必须优先执行原则；必须保证装配使用的零件号正确、数量准确、方向准确、供应商代码准确，保证供给不同改装厂装配位置准确无误。

（6）装配过程中严禁野蛮作业（包括风枪敲击零件、零件敲击零件、摔击（打）工具零件、惯性推车等），易损易伤的零件必须轻拿轻放（如发动机、变速箱、水箱、消声器、排气管、油箱、轮胎、线束、动力转向泵、ECU、燃油滤清器、空气滤清器等），造成零件和工具损坏的按公司管理规定赔偿。

（7）所有在同一平面的多个（或多组）螺栓必须遵循对角对称打紧的原则（如轮胎、前后桥的U形螺栓、传动轴）；所有检测力矩的部位检测完毕后必须有力矩自检标识，所有油料加注的部位加注完油料之后必须有绿漆自检标识。

（8）随车卡上的车型号、流水号、发动机号、订单号、生产日期（年月日）记录完整准确，自检记录必须完整、准确，出现异常时"不良事项记录"描述准确清晰，车间、班组质量员有检查确认记录，返工合格有签字确认。

（9）作业者在离岗（如停工停线、课间休息、下班、上厕所等）之前，必须完成本工序的各项作业内容；底盘推到下道工序前必须完成本工序的各项作业内容，如本工序作业未完成，底盘已推到下道工序，则作业者必须将本工序完成后，再进行下一台底盘的作业；严禁因作业速度问题而降低质量标准、简化作业顺序、在随车卡上虚假反映情况（如因零件质量问题而装不上、缺件等）。

（10）必须保证底盘上整体清洁，上面不得遗落垃圾（如塑料袋、多余的铁丝、纸屑、零件、工具等），多余油污应擦拭干净；现场零件不得落地，料盒内零件未隔开时不得进行混放，工具与零件不得混放于同一料盒内，现场零件料箱内不得出现垃圾（如塑料袋、纸屑及其他包装物等）。

5.2 底盘设备单向技能训练

5.2.1 底盘工艺常识

1. 螺纹装配连接要求

螺纹连接要求如图5-9所示，螺纹参数如表5-1所示。
装配螺纹时的连接要求如下：
（1）螺纹不可滑丝。
（2）从螺母上伸出的螺栓螺纹至少有1~2丝扣。
（3）弹簧垫圈必须压平，不可有开裂变形现象。

5.2 底盘设备单向技能训练

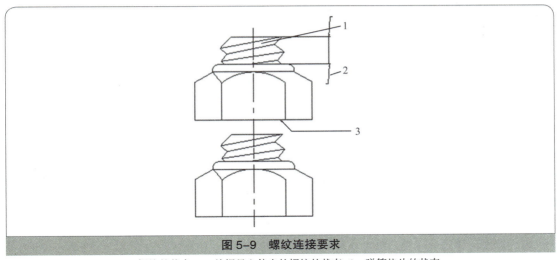

图 5-9　螺纹连接要求

1—螺纹的状态；2—从螺母上伸出的螺纹的状态；3—弹簧垫片的状态

表 5-1　螺纹参数

材料/型号	M6	M8	M10	M12	M14	M16	M18	M20
普通（8.8级）	6~10	19~28	35~54	60~85	96~132	156~204	192~240	312~384
高强度（10.9级）	11~14	22~31	43~59	80~114	144~204	199~252	240~300	334~480

2. 标准力矩的规定（单位：N·m）

（1）对于拧紧力矩值在工程作业表或各种文件中有专门规定的，按规定执行。

（2）对于拧紧力矩值在工程作业表或各种文件中没有专门规定的，其拧紧力矩判定标准按此表执行，现场操作时可目测弹簧垫片，压平即合格。

3. 螺纹连接的基本类型

螺纹连接分为螺栓连接、双头螺栓连接、螺钉连接和紧定螺钉连接。

1）螺栓连接

特点：被连接件均较薄，在其上制通孔（不切制螺纹）。

用螺栓、螺母连接，结构简单，装拆方便（可以两边装配）。

应用：被连接件厚度均较小，不受被连接件材料限制，允许常拆卸，应用广泛。

根据螺栓受力情况，分两类：

普通螺栓连接（受拉螺栓）：被连接件 D 孔 > D 栓（查手册：M20 以下，D 孔 = D 栓 +1，如 M10：D 孔 = 11 mm）。

铰制孔螺栓连接（受剪螺栓）：D 孔 = D 柱（名义相等，用公差控制），即孔壁间无间隙，适用于承受横向载荷。（垂直螺栓轴线方向）

2）双头螺柱连接

特点：被连接件之一较厚，在其上制盲孔，且在盲孔上切制螺纹。
薄件制通孔，无螺纹。用双头螺柱加螺母连接。
允许多次装拆而不损坏被连接件。
应用：通常用于被连接件之一太厚，不便穿孔，结构要求紧凑，必须采用盲孔的连接或需经常装拆处。

3）螺钉连接

特点：无须用螺母，将螺钉穿过一被连接件的孔，旋入另一被连接件的螺纹孔（结构上比双头螺柱简单）。
应用：被连接件之一太厚，且不经常装拆的场合。

4）紧定螺钉连接

特点：将紧定螺钉旋入另一件的螺纹孔中，并以末端顶住另一零件的表面或顶到该零件的凹坑中。
应用：固定两零件的相对位置，并可传递不大的力或转矩。

5.2.2 底盘工艺举例

1. 线束装配要求

（1）零件号准确。
（2）每隔 600 mm 采用线卡或扎带予以固定，安装牢固可靠，走向整齐、平顺、美观，无凌空奓拉、拖地、挤夹与高温热源干涉或间隙小等现象。
注意事项：
正确的安装线束要求，需要注重品质的了解。
①安装线束时，线束应按规定位置、走向铺放，在适当位置用卡簧、绊钉或专用线卡固定，以免松动磨坏。
②不能拉得太紧，尤其是在拐弯处要更加注意，在绕过锐角或穿过孔、洞时，应用专用橡皮或套管保护；各接头必须连接牢固，接触良好。

2. 前减震器上支架装配要求

螺栓一律向内装配，必须检测力矩并做标识（见图 5-10）。

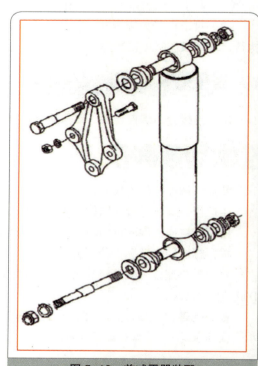

图 5-10 前减震器装配

3. 减震器装配要求

（1）装配方向正确，零件号准确。
（2）零件外表无磕碰损伤及其他影响外观质量的明显缺陷。
（3）减震器本体不能与前桥"工"字梁及其他相对运动件干涉接触，且相距不小于10 mm。
注意事项：
（1）安全：收缩减震弹簧的工具一定要牢靠，操作要规范。
（2）方向：弹簧是旋转的，底座与弹簧位置不能错位，错位了会产生异响。
（3）力矩：地盘上的每一个螺丝都关乎车辆的行驶安全，必须按规定力矩上紧。

4. 钢板弹簧装配要求

（1）零件号正确，供应商代码准确；前后（大头卷曲部分一律向前）、左右方向装配正确，弧度公差一致（即"+"或"-"标识统一）。
（2）锲型锁销、钢板弹簧销及锁紧螺栓必须检测力矩并做标识。
（3）黄油嘴无漏装，方向统一向外。
钢板弹簧装配如图5-11所示。

图5-11 钢板弹簧装配

作用：
钢板弹簧由多片不等长和不等曲率的钢板叠合而成。安装好后两端自然向上弯曲。当路面对轮子的冲击力传来时，钢板产生变形，起到缓冲、减振的作用，纵向布置时还具有导向传力的作用。非独立悬挂大多采用钢板弹簧做弹性元件，可省去导向装置和减震器，结构简单。

5. 前桥装配要求

（1）安装可靠，位置正确，零件号准确。
（2）U形螺栓螺纹露出部分长度均匀，必须检测力矩并做标识，必须涂刷防锈油，无螺纹损伤打坏现象，无U形螺栓扭曲变形现象。

前桥装配如图 5-12 所示。

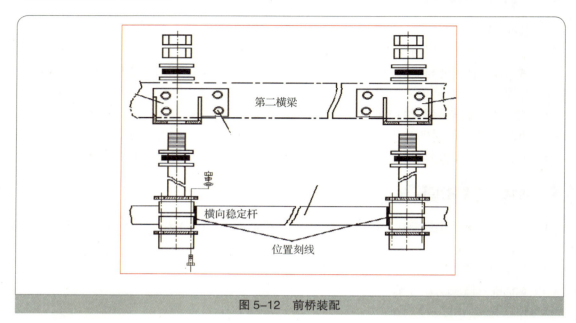

图 5-12 前桥装配

6. 稳定杆装配要求

（1）安装可靠，位置正确，零件号准确。
（2）橡胶件没有龟裂、开裂及其他变形现象。
（3）稳定杆的吊杆应与稳定杆保持垂直装配状态。

稳定杆装配如图 5-13 所示。

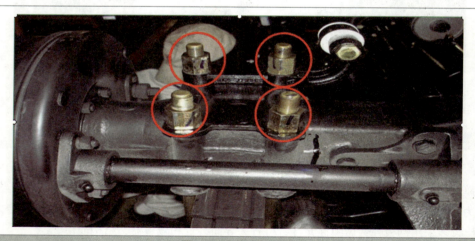

图 5-13 稳定杆装配

7. 后桥装配要求

（1）安装可靠，位置正确，零件号准确。
（2）U 形螺栓螺纹露出部分长度均匀，必须检测力矩并做标识，必须涂刷防锈油，无螺纹损伤打坏现象，无 U 形螺栓扭曲变形现象。

后桥装配如图 5-14 所示。

图 5-14　后桥装配

装配板簧销时，必须用导销预先进行导向，再用铜锤将板簧销敲入板簧吊耳。

板簧销装配如图 5-15 所示。

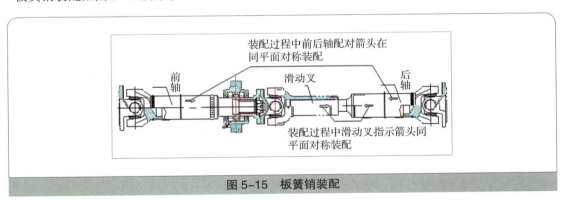

图 5-15　板簧销装配

8. 车轮装配要求

（1）按清单、改制单核对零件号及供应商代码。

（2）轮胎花纹一致，层级标识一致，必须带有"3C"标识，轮胎表面无裂纹、无划伤、无杂物，无明显气压不足现象。

（3）同批次底盘确保轮辋一致，散热孔形状（如圆形、椭圆形）一致，颜色一致。

（4）后轮内外侧轮辋贴合紧密，无间隙，内外胎气门嘴相对呈 180°。

（5）必须检测力矩并做标识，标记上螺母与螺栓应呈一线。

车轮装配如图 5-16 所示。

第 5 章　汽车底盘装配与调试

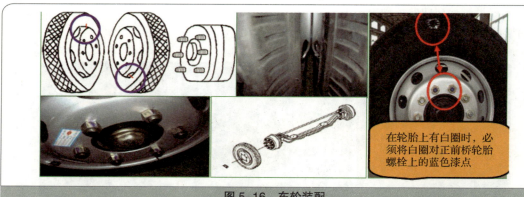

图 5-16　车轮装配

轮胎安装注意事项：

1）轮胎胎侧上的黄点

每条轮胎上都有一个红点和黄点，红点是实心的，而黄点是空心的。

在新轮胎安装时，实心红点是轮胎纵向刚性最大的位置，直白地说就是那个实心红点是这条轮胎在转动一圈时振动最大的点，振动值过大时轮胎会产生振动，因此好的生产厂家在新品出来检测时如发现振动值超标，是不会让它出厂的。因为销售部门和用户无法知道它的值，所以意义不大。

空心的黄点，又称为轻点标记，表示该部位是这条轮胎全圆周上最轻的地方。汽车车轮，其实是由三个部分组成的，即轮胎、轮毂和气门嘴。因为轮毂上要长出气门嘴，所以轮毂上有气门嘴的位置便是这个轮毂全圆周上最重的点。如果将轮毂上最重的点正对着轮胎上最轻的点（空心黄点处），它们就会起到一个互补的作用，使这个车轱辘更趋于平衡。所以，轮胎在安装时正确的方法是将气门嘴正对着这个空心黄点。

2）有方向标志的花纹应按标志方向安装

有的轮胎花纹从特殊需要角度考虑在设计时是有方向或不对称的，这时应严格按方向标志安装，否则会给行驶带来麻烦，如操控性能下降、刹车性能下降、排水功能下降等。安装对称花纹的轮胎时要将镌有 DOT 标志的胎侧朝向外面，而当安装不对称花纹的轮胎时，如出现了 DOT 和花纹的方向矛盾时，首先要考虑的是花纹的方向（有的厂家在解决这个问题时胎侧两边都有 DOT）。

3）充气的正确方法

每条轮胎上都标有该条轮胎的气压值，正确的气压值应为该条轮胎标准值的 80%~100%。在这里需要说明的一点是，轮胎的气压值应以轮胎的标准为准，而不应以所驾车辆要求的气压值为准。而当你打算将气压定为 80% 时，也不要直接把气压充到所要的值就停止，正确的充气方法是在安装轮胎时将气压充到该条轮胎规定值的 100% 或略超 100%，然后将气压放到所要求的气压值。这样既可使轮胎胎唇和轮毂充分咬合，也对轮胎在上路前做了一次小小的检验。

9. 传动轴安装要求

在装配传动轴时，必须按照图 5-17 进行装配。

图 5-17　传动轴安装

传动轴中间支承装配时，应用双螺母紧固。

为保证输入轴与输出轴等速转动，以及传动轴稳定运转而无震抖现象，安装传动轴时应注意以下方面：

（1）对于双万向节的传动轴，要求轴两端的万向节叉位于同一平面内；对于三万向节的长、短轴（如 TKL-20 型车），除要求三万向节叉均在同一平面外，还要求短轴两端的两万向节叉的叉头相对，长轴两端的两万向节叉的叉头相反。

（2）为保证传动轴平衡，组装伸缩节时，应使原记号对正，如无记号，在拆前应自做记号，以免破坏原平衡。

（3）有条件的应进行动平衡试验后再装配。

（4）有中间支承的传动轴，还应检查轴承的技术状况。

（5）防尘装置应完好，卡箍径向相对。

5.3　动力总成装配

动力总成由发动机、离合器和变速箱等构成。在车体上安装动力总成时，首先应将发动机、离合器及变速器装配成动力总成，然后将动力总成安装到车体上。

5.3.1　发动机与离合器组装

离合器位于发动机和变速箱之间的飞轮壳内，用螺钉将离合器总成固定在飞轮的后平面上，离合器的输出轴就是变速箱的输入轴。在汽车行驶过程中，驾驶员可根据需要踩下或松开离合器踏板，使发动机与变速箱暂时分离或逐渐接合，以切断或传递发动机向变速器输入的动力。离合器是机械传动中的常用部件，可将传动系统随时分离或接合。对其基本要求有：接合平稳，分离迅速而彻底；调节和修理方便；外廓尺寸小；质量小；耐磨性好和有足够的散热能力；操作方便、省力。常用的离合器分为牙嵌式与摩擦式两类。

离合器的作用：保证汽车稳起步；实现平顺换挡；防止传动系统过载。

1. 保证汽车平稳起步

这是离合器的首要功能。在汽车起步前，自然要先起动发动机。而汽车起步时，汽车是从完全静止的状态逐步加速的。如果传动系统（它联系着整个汽车）与发动机刚性联系，则变速器一挂上挡，汽车将突然向前冲一下，但并不能起步。这是因为汽车从静止到前冲时，具有很大的惯性，对发动机造成很大的阻力矩。在惯性阻力矩的作用下，发动机瞬间转速急剧下降到最低稳定转速（一般 300~500 r/min）以下，发动机即熄火而不能工作，当然汽车也不能起步。

因此，我们需要离合器的帮助。在发动机起动后，汽车起步之前，驾驶员先踩下离合器踏板，将离合器分离，使发动机和传动系统脱开，再将变速器挂上挡，然后逐渐松开离合器踏板，使离合器逐渐接合。在接合过程中，发动机所受阻力矩逐渐增大，故应同时逐渐踩下加速踏板，即逐步增加对发动机的燃料供给量，使发动机的转速始终保持在最低稳定转速上，而不致熄火。同时，由于离合器的接合紧密程度逐渐增大，发动机经传动系统传给驱动车轮的转矩便逐渐增加，到牵引力足以克服起步阻力时，汽车即从静止开始运动并逐步加速。

2. 实现平顺换挡

在汽车行驶过程中，为适应不断变化的行驶条件，传动系统经常要更换不同的挡位来进行工作。实现齿轮式变速器的换挡，一般是拨动齿轮或其他挂挡机构，使原用挡位的某一齿轮副推出传动，再使另一挡位的齿轮副进入工作。在换挡前必须踩下离合器踏板，中断动力传动，便于使原挡位的啮合副脱开，同时使新挡位啮合副的啮合部位的速度逐步趋向同步，这样进入啮合时的冲击可以大大减小，从而实现平顺换挡。

3. 防止传动系统过载

当汽车进行紧急制动时，若没有离合器，发动机将因和传动系统刚性连接而急剧降低转速，因而其中所有运动件将产生很大的惯性力矩（其数值可能大大超过发动机正常工作时所发出的最大扭矩），对传动系统造成超过其承载能力的载荷，而使机件损坏。有了离合器，便可以依靠离合器主动部分和从动部分之间可能产生的相对运动来消除这一危险。因此，我们需要离合器来限制传动系统所承受的最大扭矩，从而保证安全。

组装流程：

（1）首先目测检查发动机有无缺陷，是否存在缺件。

（2）取下飞轮上螺栓及螺柱上的螺母及垫圈，在螺栓螺纹部分涂螺纹锁固胶。

（3）用毛刷蘸汽油清洗发动机飞轮上的油污，再用抹布将清洗面擦拭干净。

（4）装压板组件，用螺栓将压盘固定到飞轮上，按十字交叉法拧紧，拧紧力矩为 45~55 N·m。如图 5-18、图 5-19 所示。

图 5-18 拧紧压盘与飞轮的固定螺钉

图 5-19 安装间隔套

5.3.2 发动机与变速器组装

变速器将发动机和驱动桥连在一起，一般来说变速器增大发动机的转矩，从而使发动机的转速下降（实际发动机输出的功率高，没有变速器，人无法驾驭），变速器通过不同的挡位来实现汽车的速度递增。发动机是汽车的心脏，是提供动力的变速箱，是传递动力的，通过它把发动机的动力传到汽车车轮。变速箱通过齿轮传递使发动机的输出转速下降，而扭矩增大，使汽车运动。并且通过不同的齿轮组合进行汽车速度的变换，就是我们俗称的换挡。为了减少换挡对变速箱的损坏，在发动机后、变速箱前一般加装离合器。

（1）将发动机装到变速器壳体上，安装发动机时在发动机和变速箱之间必须安装间隔套。

（2）将定位销安装到变速器壳体上，以保证发动机与变速器的安装位置。

（3）用弹性垫圈、螺母将变速箱与发动机飞轮壳端固定到一起，螺母按十字交叉法拧紧，拧紧力矩为 75~92 N·m。

变速器壳体安装端面如图 5-20 所示。

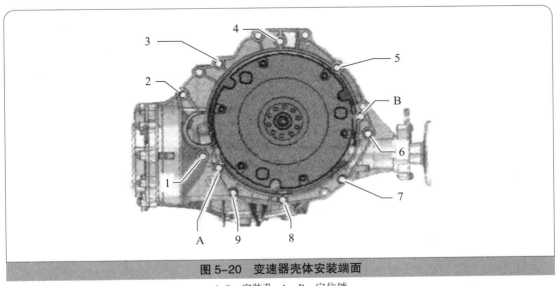
图 5-20 变速器壳体安装端面

1~9—安装孔；A，B—定位销

5.3.3 安装动力总成

（1）将发动机左、右支架的两个安装孔分别对准发动机左、右的支架安装孔，通过 M8×25 外六角螺栓、弹性垫块、平垫进行装配：用套筒气动扳手紧固螺栓，拧紧力矩为 20~25 N·m。发动机左、右支架安装应牢固、可靠。

（2）发动机脚缓冲块、缓冲块隔热挡板安装，如图 5-21 所示。

①将缓冲块隔热挡板的大小孔对准发动机缓冲块的安装螺栓和凸包装，再将发动机脚缓冲块的安装螺栓对准发动机左支架的安装孔插入，在螺栓上装入平垫、弹簧垫，将 M10×1.25 的螺母用套筒气动扳手紧固，拧紧力矩为 35~40 N·m。

②将发动机脚缓冲块的安装螺栓对准发动机右支架的安装孔插入，在螺栓上装入平垫、弹簧垫，将 M10×1.25 的螺母用套筒气动扳手紧固，拧紧力矩为 35~40 N·m。

（3）排气管前节安装。先将排气管衬垫的安装孔对准发动机排气支管的螺栓套上，再将排气管前节的安装孔对准发动机变速器总成排气支管的螺栓装上，在螺栓上装入平垫、弹簧垫，将 M10×1.25 的螺母用套筒气动扳手紧固，拧紧力矩为 35~40 N·m。

动力总成安装如图 5-21 所示。

图 5-21 动力总成安装

1—左固定支架；2—换挡拉索；3—右固定支架；4—加速踏板拉索；5—离合器分离泵；6—空调压缩机；7—传动皮带

5.3.4 动力总成操纵装置的装配

动力总成的操纵装置包括加速踏板装置、离合操纵系统和变速器操纵装置等。下面分别讲述各操纵装置的安装过程。

1. 安装加速踏板装置

加速踏板装置是指用钢索控制发动机节气门开度的机构，主要由加速踏板总成、节气门拉线及前围板等组成，如图5-22所示，其安装步骤如下：

（1）将拉线穿过前围板。

（2）用螺栓安装加速踏板总成，螺栓的拧紧力矩为20~25 N·m，连接拉线与加速踏板。拉线的另一端与节气门摇臂相连接，并保证油门拉线松紧适度。

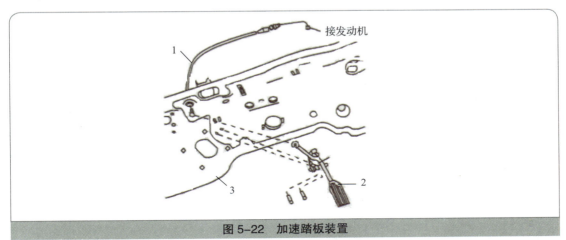

图5-22 加速踏板装置

1—拉线；2—踏板总成；3—前围板

2．安装离合器操纵系统

目前常用的离合器操纵系统有拉索式操纵机构和液压式操纵机构两种。拉索式离合器操纵机构如图5-23所示，它的安装包括在前围板上安装踏板组件和拉索组件以及拉索与分离叉臂的连接等。

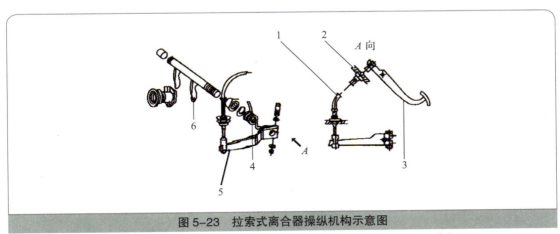

图5-23 拉索式离合器操纵机构示意图

1—拉索组件；2—前围板；3—踏板组件；4—回位弹簧；5—分离叉臂；6—分离叉

（1）踏板组件装配。踏板组件主要由踏板总成、限位垫、弹簧、衬垫、轴套以及销轴等零部件组成，如图5-24所示，其装配步骤如下：

①将轴套插到踏板总成安装孔内。

②将衬套4安装到踏板安装座孔内，销轴穿过衬套4的孔。

③将弹簧装到踏板总成安装轴上，轴套对准销轴装入离合器踏板安装座内，推进销轴并将销轴推到位。

④装衬套9，拧紧螺母，拧紧扭矩为20~25 N·m。
⑤安装调节螺钉，以便调整踏板行程。

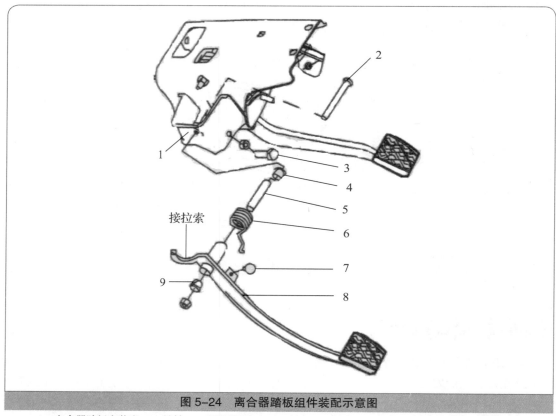

图5-24　离合器踏板组件装配示意图

1—离合器踏板安装座；2—销轴；3—调节螺母；4，9—衬套；5—轴套；6—弹簧；7—限位垫；8—踏板总成

（2）拉索组件装配。拉索组件装配就是把拉索组件安装到前围板，拉索的一端连接到踏板总成，另一端与分离叉相连，如图5-25所示，其安装步骤如下：

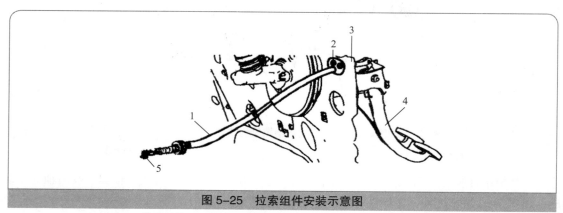

图5-25　拉索组件安装示意图

1—拉索组件；2—螺栓；3—前围板；4—踏板组件；5—连接分离叉臂

①将拉索组件中与踏板连接的一端插入前围板，并与踏板相连接。
②用螺栓将螺栓组件与前围板连接，螺栓拧紧扭矩为20~25 N·m。
③拉索另一端连接到分离叉臂。

（3）检查调整离合器踏板安装情况。

离合器操纵系统装配完成后应对离合器踏板安装高度、工作行程和自由行程等项目进行检查调整，如图5-26所示。

①离合器踏板安装高度为180~186 mm。
②离合器踏板的工作行程为134~142 mm。
③离合器踏板的自由行程为10~20 mm。

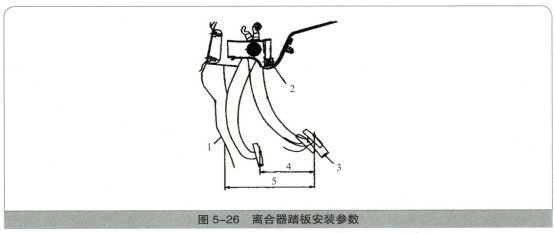

图5-26 离合器踏板安装参数

1—前围板；2—调节螺栓；3—自由行程；4—工作行程；5—安装高度

3. 安装变速器操纵装置

安装拉杆式变速器操纵装置主要是指装配变速杆总成、拉杆总成及变速器总成等零部件，如图5-27所示，其装配步骤如下：

（1）将拉杆安装到变速器。将拉杆插入变速器壳体安装位置上，先拧紧六角法兰螺栓，再拧紧连接螺栓，拧紧扭矩为40~50 N·m，如图5-28所示。

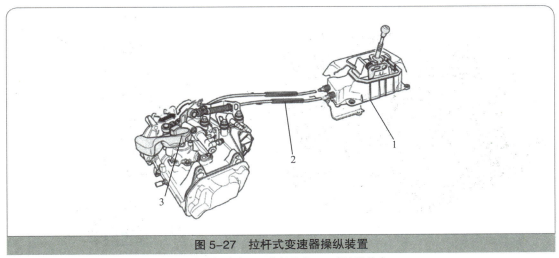

图5-27 拉杆式变速器操纵装置

1—变速杆总成；2—拉杆总成；3—变速器总成

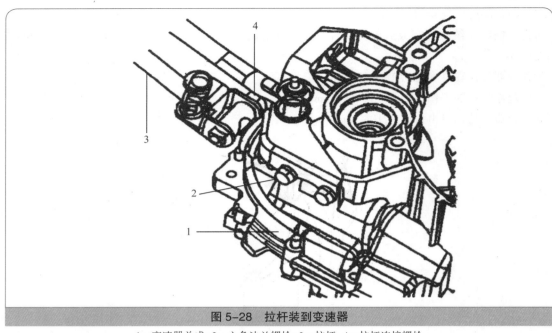

图 5-28 拉杆装到变速器

1—变速器总成；2—六角法兰螺栓；3—拉杆；4—拉杆连接螺栓

（2）安装变速杆总成。将变速杆总成插入车体地板安装位置，拧紧法兰螺母，拧紧扭矩为 20~25 N·m，如图 5-29 所示。

安装变速杆总成时应注意以下事项：

①应保证换挡手柄顶部的挡位示意文字朝向车辆前进方向，适当拧紧换挡手柄的定位螺钉。

②检查换挡操纵是否灵活、可靠，空挡时手柄应基本处于竖直位置。

（3）安装变速杆防尘盖。将防尘盖套入变速杆，再压上防尘盖护圈，一并装入底板上的安装螺栓，拧紧螺母，拧紧扭矩为 20~25 N·m，如图 5-30 所示。

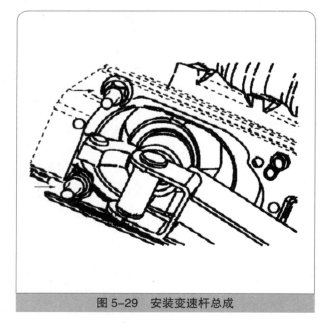

图 5-29 安装变速杆总成

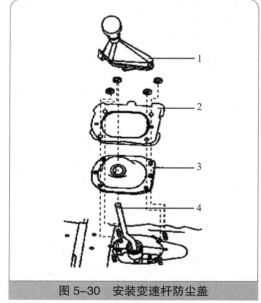

图 5-30 安装变速杆防尘盖

1—手柄总成；2—防尘盖护圈；3—防尘盖；4—变速杆总成

第 6 章

质量检验与整车测试

6.1 认识汽车生产企业质量管理体系

质量管理是在质量方面指挥和控制企业活动的一项管理内容,通常包括制定质量方针和目标,实施质量策划、质量控制、质量保证、质量改进等活动。欲实现质量管理方针目标,有效地展开各项质量活动,必须建立相应的质量管理体系。

科学、完善和规范的质量管理体系,不仅可以提高生产效率和产品合格率,迅速提高企业的经济效益和社会效益,而且可以使顾客确信该企业具有稳定的生产合格产品乃至优质产品的能力,增强顾客对产品的满意度。

6.1.1 ISO 9000 族标准与质量体系

ISO 9000 系列标准是国际化组织(International Organizanization for Standardization,ISO)在总结工业发达国家质量管理经验的基础上,颁布的一套质量管理和质量保证系列标准,具有很强的实践性和指导性。我国很多大中型企业都陆续采用了 ISO 9000 系列标准,它对我国企业提高管理水平、发展国民经济、深化全面质量管理具有深远的影响。

1. ISO 9000 族标准概述

ISO 是国际标准化组织的缩写代号,也是国际标准化组织颁布的组织标准代号。国际标准化组织成立于 1947 年,是非政府的国际组织,也是规模最大的国际标准化团体,由来自世界的 100 多个国家的标准化团体组成。中国是 ISO 的成员并且是 ISO 的发起国之一,代表中国参加 ISO 的国家机构是中国国家机构监督局(China State Bureau of Technical Supervison,CSBTS)。

ISO 9000 族标准,是由 ISO 的质量管理和质量保证标准化技术委员会(TC176)指定的所有国际标准,它不仅包括 9000 系列,还包括 10000 系列。我国对口 ISO/TC167 的机构是 CSBTS/TC151 全国质量管理和质量保证标准化技术委员会。

ISO 9000 族标准针对的主体称为"组织",通俗地说,"组织"就是一个企业或机构。该族标准是世界上许多国家和组织质量管理经验的科学总结,通过实施这套标准,建立质量体系,可以使影响质量的各种因素处于受控状态,从而能有效地减少、消除和预防不合格现象,确保方针、目标的实现。

2. ISO 9000 族标准的组成

2008 版 ISO 9000 族标准包括以下一组密切相关的质量管理体系核心标准：

ISO 9000：2005《质量管理体系——基础和术语》，描述了质量管理八项原则、质量管理体系基础知识，并规定质量管理体系术语。

ISO 9001：2008《质量管理体系——要求》，规定了质量管理体系要求，用于证实组织具有提供满足顾客要求和适用法规要求的产品的能力，目的在于增进顾客满意度。

ISO 9004：2009《质量管理体系——业绩改进指南》，提供考虑质量管理体系的有效性和效率两方面的指南。该标准的目的是促进业绩改进和使顾客及其他相关方满意。

ISO 190011：2003《质量及/或环境管理审核指南》，提供审核质量和环境管理体系的指南。

ISO 9000 族标准除核心外，还包括其他标准（如 ISO 10012 测量控制系统）、技术报告（如 ISO/TR 10015《质量管理培训指南》）及小册子（如《小型企业的应用》）等。

我国等同采用 ISO 9000 族标准的国家标准是 GB/T 19000 族标准，该标准是国际标准化组织承认的中文标准。ISO 9000 族标准主要针对质量管理，同时涵盖了部分行政管理和财务管理的范畴。ISO 9000 族标准并不是产品的技术标准，而是针对组织的管理结构、人员和技术能力、各项规章制度和技术文件、内部监督机制等一系列体现组织保证产品及服务质量的管理措施的标准。

3. ISO 9000 族标准的基本思想

ISO 9000 族标准要求在四个方面规范质量管理：

（1）机构：标准明确规定了为保证产品质量而必须建立的管理机构及其职责权限。

（2）程序：企业组织产品生产必须制定规章制度、技术标准、质量手册、质量体系操作检查程序，并使之文件化、档案化。

（3）过程：质量控制是对生产的全部过程加以控制，是面的控制，不是点的控制。从根据市场调研确定产品、设计产品、采购原料，到生产检验、包装、储运，其全过程按程序要求控制质量，并要求过程具有标识性、监督性、可追溯性。

（4）总结：不断总结、评价质量体系，不断改进质量体系，使质量管理呈螺旋式上升。

4. ISO 9000 族标准的基本原则

对 ISO 9000 族标准的要求进行总结，可以归纳为八项基本原则，即以顾客为关注焦点、领导作用、全员参与、过程方法、管理系统方法、持续改进、基于事实的决策方法、与供方互利的关系。

以顾客为关注焦点，是要求组织的最高管理者应以增强顾客满意度为目的，及时了解顾客对组织产品的期望和意见，确保顾客的要求得到确定并予以满足。

领导作用是强调组织的领导者在质量管理体系的建立和推行过程中所起的关键作用，应确定组织的战略方针，制定组织的政策和策略，创造并维持使员工能充分参与实现组织目标的内部环境。

全员参与是要求通过领导的作用，充分调动组织每位员工的积极性，使他们都能参与到产品的生产过程和支持过程中来，以使组织获得最大效益。

ISO 9000 族标准将"过程"定义为，一组将输入转化为输出的互相关联或相互作用的活动。通俗地讲，过程相当于作业。一个组织把内部识别出来的各个过程，先后联系起来，组成系统加以应用，这种方法叫过程模式管理，也叫过程方法管理。在做每一件事之前都应策划（Plan）如何去做好，然后按照策划来实施（Do），通过对比方针、目标和产品要求，对过程和产品进行检查（Check），发现不足之处，并采取相应的处置（Action）措施。这种不断改进工作的 PDCA 循环，使过程处于动态的受控状态，以持续改进过程业绩。ISO 9000 族标准建立了一个过程模式，将管理职责、资源管理、产品实现、测量分析和改进作为体系的四大主要过程，描述其相互关系，以顾客要求为输入，以提供给顾客的产品为输出，通过信息反馈来测定顾客的满意度，评价质量管理体系的业绩。

质量管理体系的构成要素是过程，过程和过程之间会存在相互联系和作业，并且过程是分层次的，大过程可以分解为小过程，甚至更小过程。为使组织有效运行，必须系统地识别和管理众多相互联系的过程，特别是这些过程之间的相互作用关系。管理的系统方法是指通过识别，将相互关联的过程作为一个系统加以管理，有助于提高组织实现目标的效率。

事物是不断发展的，都会经历一个由不完善到完善甚至更新的过程，人们对过程结果和产品质量水平的要求也在不断地变化和提高。因此，要建立一种不断改善的机制，使组织能够适应内外部环境不断变化的要求，持续改进组织的竞争能力和整体业绩，使所有的相关方都满意。

基于事实的决策方法是指为提高决策的有效性，强调用真实的数据和信息来说话。以事实为依据，可以防止决策失误。组织应对采购、生产、检验、试验、顾客满意、市场分析等数据进行全面搜集，用统计技术进行分析，作为决策和改进的依据。

随着生产社会化的不断发展，制造类组织的生产活动分工越来越细，专业化程度越来越高，通常某一产品不可能由一个组织从最初的原材料开始加工直至形成最终产品，而是需要众多组织的共同协作。一个组织和产品要让顾客满意，离不开供方的支持和配合。因此，某一组织和其供方的关系是相互依存的，只有与供方取得良好的交流和合作，建立一种对本组织与供方相互有利的关系，才能增强双方创造价值的能力。

5. 质量体系的建立

质量体系是指为实施质量管理所需的组织机构、职责、程序、过程和资源。

组织为实现其所规定的质量方针和质量目标，就需要分解其产品质量形成过程，设置必要的组织机构，明确责任制度，配备必要的设备和人员，并采用适当的控制办法，使影响产品质量的技术、管理和人员的各项因素都得到控制，以减少、清除，特别是预防质量缺陷的产生。

质量体系是由若干要素构成的。根据 ISO 9000 系列标准，质量体系一般包括以下要素：市场调研、设计和规范、采购、工艺准备、生产过程控制、产品验证、测量和实验设备的控制、不合格控制、纠正措施、搬运和生产后的职能、质量文件和记录、人员、产品安全责任、质量管理方法的应用等。

在实践中质量体系的建立通常有以下几个步骤：

（1）分析质量环。在这一环节中必须明确各环节的质量职能，为全面质量管理在实施过程中确立目标，实现产品质量的全程目标管理。

（2）研究具体组织结构。在第一步的基础上，组织结合自己的实际情况，进一步明确各环节的质量要求、采用的具体措施、设备的配备以及人员的安置。这是质量体系建立过程中最为重要的一步，它关系到全面质量管理在组织中应用的程度和实施效果。

（3）形成文件。质量体系必须是一个文件体系，这样才能达到全员参与质量管理的目的。

（4）全员培训。最高管理者有力而持久地领导和组织全体成员的教育及培训对于全面质量管理

第6章　质量检验与整车测试

的成功是非常重要的，在质量体系的建立中这一步也是不容忽视的。

（5）质量体系审核。没有严格的审核，就没有质量体系的有效运作。监督审核是判断质量体系文件被贯彻执行好坏的有效途径，是质量体系建立过程中不可或缺的一步。

（6）质量体系复审。质量体系的建立和应用是一个不断完善的过程。因此必须通过不断地复审、反馈信息，以达到质量体系的不断改进，更好地贯彻全面质量管理思想。要抓住质量体系的特征，保证质量体系设立的合理性，使全面质量管理有效地发挥作用。

6. 质量管理体系的主要文件

1）质量手册

质量手册是阐明一个组织的质量方针，并描述其质量体系的文件。质量手册的主要内容有质量方针和目标、组织机构（包括行政机构图、质量保证组织机构图、质量职能分配表等）、质量体系要求（包括管理职责、质量体系、统计技术等）、质量手册管理细则等。质量手册主要作为对质量体系进行管理、质量体系审核或评价的依据以及作为质量体系存在的主要证据。

质量手册应按规定发至各相关部门，各部门负责人在理解和掌握与本部门有关的要素内容的基础上，按要求指导本部门实施，每位员工应理解执行。

2）程序文件

程序文件是规定完成各项质量活动方法的文件，其主要内容简称为5W1H，即对象（什么事情——What）、场所（什么地点——Where）、时间和程序（什么时候——When）、人员（责任人——Who）、原因（为什么——Why）、方式（何方法——How）。

程序文件主要用于规定开展某项质量活动的控制原则、控制方法和证实方法，阐明与质量活动有关人员的责任，同时是展开各项活动的依据。

程序文件由规定的责任人审核批准，发至与本程序有关的部门和人员，各项工作严格按程序文件规定执行并留下证据（记录）。

3）作业指导书

作业指导书是规定具体的作业活动的方法和要求的文件，它是程序文件的支持文件。按具体形式，作业指导书可分为五类：一是书面的作业指导书、工作细则、操作规程等；二是口头指令；三是计算机软件工作指令；四是音像化的工作指令；五是实物样板等。按照内容不同，作业指导书可分为用于生产、检验、包装等具体工序的作业指导书和用于指导具体管理工作的各种工作细则、导则、计划和规章制度等。

所有工作人员应具备或方便查阅与自己工作有关的作业指导书，所有作业指导书的规定都必须在实际工作中实施。

4）质量计划

质量计划是针对特定产品、项目或合同，规定专门的质量措施、资源和活动顺序的文件。质量计划可分为公司质量计划、部门质量计划、需方（或合同）要求的质量计划、主要项目质量计划、新产品质量计划、设计控制质量计划、采购质量计划、制造质量计划、检验和试验计划、专项审核计划等。

编制质量计划时,要求目标明确、措施有效、切实可行,与原有的相关规定相协调。计划必须经公司主管领导审核批准后实施,并且要对实施的情况按期检查。

5)质量记录

质量记录是质量体系文件最基础的组成部分,是质量活动的真实记载,是对满足质量要求的程序提供的客观证据,是反映产品质量及质量体系运作情况的记载。质量记录可以是书面的,也可以是其他方式储存的资料。

对质量记录人要进行培训,要求记录规范、内容真实,切实做好质量记录的标识、搜集、编目、归档、储存、保管、处理工作。

6)ISO 9000 族标准认证

ISO 9000 族标准认证,也可以理解为质量体系注册,就是由国家批准的、公正的第三方机构——认证机构,依据 ISO 9000 族标准,对组织的质量体系实施评定,向公众证明该组织的质量体系符合 ISO 9000 族标准,有能力提供合格产品,公众可以相信该组织的服务承诺和其产品的一致性。

ISO 9000 族标准生产不仅在全部发达国家推行,发展中国家也正在逐步加入到此行列中来,ISO 已成为一个名副其实的技术上的世界联盟。

6.1.2 ISO/TS 16949 技术规范

现代汽车生产,是规模大、专业化程度高、连续性强、节奏协调的流水生产。一辆汽车的产出,往往需要上万人的劳动,经过上万道工序组成的几百条流水线来完成。汽车总装配是汽车制造过程中最后的工艺阶段,是保证汽车质量的关键所在。在汽车总装过程中,必须建立以总装配工艺和质量控制为中心的质量管理体系,使装配过程处于受控状态。

ISO/TS 16949 是适用于汽车和零部件生产组织的质量管理技术规范,2009 版 ISO/TS 16949 技术规范的全名为:ISO/TS 16949:2009 质量管理体系——汽车生产件及相关维修零件组织应用 ISO 9001:2008 的特殊要求。

1. 规范由来

为整合德国汽车工业的各项标准,德国汽车工业联合会(Verband der Automobilindustrie,VDA)于 1970 年提出了质量管理体系认证要求,并于 1991 年编制发布了 VDA6.1;1994 年,美国通用(Feneral Motors Company,GM)、福特(Ford Motor Company)和克莱斯勒(Chrysler Group)三大汽车公司开始采用 QS 9000 作为其供应商统一的质量管理体系标准;与此同时,以菲亚特(Fiat Group Automobile)为代表的意大利汽车工业协会(Associazione Nazionale Filiera Industria Automobilistica,ANFIA)发布了 AVSQ94,法国 PSA 集团(PSA Peugeot Citroen)、雷诺汽车公司(Renault SA)和法国汽车装备工业联合会(Federationdes Industries des Equipements pour Vehicules,FIEV)发布了 EAQF94,各自作为其相应的质量管理体系标准。由于美国和欧洲的汽车零部件供应商同时向各大整车厂提供商品，因此这就要求其必须同时满足 VDA6.1、QS 9000、AVSQ94 和 EAQF94 的要求，造成各供应商针对不同标准的重复认证。

为了适应汽车工业全球采购的要求，世界上主要的汽车制造商及协会于 1996 年成立了一个专门机构，称为 IATF（International Automotive Task Force——国际汽车工作组）。该组织的任务是协调国际汽车质量系统规范，建立所有的汽车制造商共同认可的全球统一的质量管理体系，减轻汽车零部件及材料供货商为满足各国质量体系要求而多次认证的负担，从而降低整车厂的采购成本。现在，IATF 的成员由宝马（BMW Group）、克莱斯勒（Chrysler Group）、戴姆勒（Daimler AG）、菲亚特、福特、通用、标致—雪铁龙、雷诺和大众九家整车厂和美国汽车工业行动集团（Automotive Industry Action Group，AIAG）（美国）、ANFIA（意大利）、FIEV（法国）、英国汽车制造商和贸易协会（The Society of Motor Manufactures and Traders，SMMT）（英国）、VDA（德国）五个汽车制造商协会组成。

1996 年，IATF 开始以 AVSQ、EAQF、QS 9000 和 VDA6.1 为基础，并依据 ISO 9001：1994 的框架协调和制定全球汽车工业通用的质量管理体系标准。1999 年 10 月，IATF 正式提交了 ISO 批准和发布了 ISO/TS 16949：1999。2002 年，由 IATF 和日本汽车工业协会（Japan Automobile Manufacturers Association，JAMA，Inc.）在 ISO/TC176 的支持下共同制定发布了 IOS/TS 16949：2002。2009 年，由 IATF 和日本汽车工业协会在 ISO/TC176 的支持下共同制定发布了 ISO/TS 16949：2009。

IOS/TS 16949：2009 基于 ISO 9001：2008，在 ISO 9001：2008 的基础上，加进了汽车行业的技术规范，更着重于缺陷防范、减少在汽车零部件供应链中容易产生的质量波动和浪费。目前，承认并执行 IOS/TS 16949：2009 技术规范的公司包括通用、福特、戴姆勒、克莱斯勒、雷诺、标致—雪铁龙、宝马、大众、奥迪、欧宝、菲亚特、日产等全球各大汽车厂商。

2. IOS/TS 16949 技术规范基础

IOS/TS 16949：2009 以 ISO 9001：2008 为基础，从基本术语和定义、质量管理体系的文件要求、管理职责、资源管理、产品实现、测量分析和改进几个方面全面阐述了构建完善的汽车组织质量管理体系的基本方法。

IOS/TS 16949：2009 注重的是顾客的满意度，特别强调顾客的特殊要求以及组织满足这些要求的能力，并要据此设计、实施、维护组织的质量管理体系。其核心精神是持续改进、预防缺陷、减少变差和浪费等。

与 ISO 9001：2008 的要求一致，IOS/TS 16949：2009 强调使用过程方法来构建质量管理体系并实施质量管理，一般将汽车行业的过程分为顾客导向过程（Customer Oriented Process，COP）、支持过程（Support Process，SP）和管理过程（Management Process，MP）三类。

组织应贯彻以顾客为关注焦点的思想，在过程识别中，充分识别与顾客直接相关的过程，这类过程的输入直接来自顾客、输出直接交给顾客，称为顾客导向过程。此类过程包括产品的设计和开发、产品设计的更改、合同评审、生产件批准、交付以及售后服务过程等。

支持过程就是对其他过程（主要是顾客导向过程）起支持作用的过程，也可以看作其他过程的一个分过程，支持过程一般是由企业的某些部门来操控，可以按企业各部门在体系中的工作或执行程度来识别，也可按 ISO 9001 的要求，在排除 COP 和 MP 后，把质量体系中其余过程都列入 SP。此类过程包括设备维修、工装管理、文件控制、记录控制、员工培训、工作环境管理等过程。

6.1 认识汽车生产企业质量管理体系

管理过程指为顾客导向的输入和输出交接处或 COP 与过程连接之间的过程,其特点是企业各部门都参与,并由企业管理层直接操控,此类过程主要是进行质量方针和目标的制定、资源的策划与提供、内部沟通、内部审核、管理评审、持续改进等过程。

IATF 规定使用章鱼图和乌龟图两种过程方法对组织的绩效进行分析。章鱼图用来识别过程,主要描述组织与顾客之间的相互关系,即对 COP 的输入—活动—输出予以描述。乌龟图用夹分析过程,可以对 COP 或任何一个过程的输入及输出(INPUT、WHO、HOW、WHAT、MEASUREMEN、OUTPUT)进行分析,如何确保过程中的输出满足下道工序或顾客的要求,根据这一要求确定对人、机、料、法、环和测量等的要求。当对过程进行审核时,也可以利用乌龟图中各个组成因素来取得客观证据,如人员的资格证据、材料的合格证据、设备的能力和维护合格证据、测量结果满足要求的证据、必要的作业指导书等。

技术规范中还设计了产品质量先期策划与控制计划(Advanced Product Quality Planning,APQP)、潜在失效模式及后果分析(Failure Mode and Effects Analysis,FMEA)、统计过程控制(Statistical Process Control,SPC)、测量分析(Measurement System Analysis,MSA)和生产件批准程序(Production Part Approval Process,PPAP)五大质量管理工具进行过程质量控制。由于 ISO/TS 16949:2009 强调缺陷的预防,因此这五大工具基本都以前期预防为出发点。

3.汽车企业质量管理体系认证

ISO/TS 16949 规范的针对性和适用性非常明确,只适用于汽车整车厂和其直接的零备件制造商,即这些厂家必须直接与生产汽车有关,能开展加工制造活动,并通过这种活动使产品增值。而那些只具备支持功能的单位,如设计中心、公司总部和配送中心等,或者那些为整车厂或汽车零配件厂制造设备和工具的厂家,都不能获得认证。

要求获得 ISO/TS 16949:2009 认证注册的公司,必须具备至少连续 12 个月的生产和质量管理记录,包括内部评审和管理评审的完整记录。对于一个新设立的加工场所,如没有 12 个月的记录,也可经评审确认符合质量系统规范要求后,由认证公司签发"符合性证明"。具备了 12 个月的记录后,再进行认证审核注册。

ISO/TS 16949:2009 质量管理体系的推行和认证可以分为导入准备、体系建立、体系执行和体系进行诊断,进行基础知识培训,完成过程识别和分析。体系建立阶段的主要工作包括制定组织的方针和目标,编制程序文件、管理手册、作业指导书和各种表格、表单。进入体系执行阶段后,首先试运行体系,并进行期中检查,通过内审发现问题并逐一解决;然后进行管理评审;最后进入体系认证阶段,通过认证前准备、预评审及改进、正式评审及改进后,最终获得 ISO/TS 16949 证书。

对 ISO/TS 16949:2009 认证的管理是由 IAOB(International Automotive Oversight Bureau,美国国际汽车监督署)、ANFIA(意大利)、FLEV(法国)、SMMT(英国)、VDAQMC(德国汽车工业协会—质量管理中心)(德国)五大监督机构代表 IATF 来完成的,它们采用相同的程序、方法来监督 ISO/TS 16949 规范的操作和实施,以在全世界形成一个标准的操作,完全统一的系统。

6.2 汽车整车厂质量控制的基本知识

汽车的研发制造过程包括设计、生产准备和装配制造等几个阶段，每个阶段的工作质量都会影响最终的产品质量，所以汽车产品的质量形成过程贯穿于研发制造全过程。要保证汽车产品的最终质量，必须对全过程进行质量控制。

6.2.1 质量控制过程和控制内容

设计阶段的质量控制内容，主要是利用 APQP 工具，首先确定合理的设计方案，将设计过程分解为几个阶段，并且在每两个阶段的节点处进行自检、互检和评审等检查前一阶段的设计质量，层层递进，以将设计缺陷减小到最低限度。设计工作结束后将进入样车试制阶段，样车的试制、试验以及小批量生产中，会反映和暴露出某些问题，项目技术人员应及时跟踪，第一时间找出问题，并配合进行协调和设计修改，在正式生产前消除设计缺陷，保证汽车的最终质量。

生产准备阶段的质量管理内容主要是工艺准备工作，根据 IOS/TS 16949 技术规范的要求，在对材料、设备、工装、能源、操作人员与专业技能等方面综合分析的基础上，对企业的制造能力进行评价，并制定相应的应对策略和实施方案。依据工艺能力和设计文件对各工序的重要程度进行分级，确定关键工序、重要工序和质量控制点，编制质量控制文件。标准操作卡或作业指导书就是最主要的质量控制文件，包括操作要领、工艺规程、质量标准、控制要求、检验项目、检验频次、检具要求、控制手段等内容，是正确指导现场生产人员操作、质量控制和检查的重要工艺文件。对于外购件，则要求并协助供货方推行 ISO/TS 16949 质量管理体系，并严格执行外购件质量检验规程。

生产人员在装配制造阶段依据标准操作卡或作业指导书进行装配工作，主要的质量控制项目包括间隙、面差和螺纹紧固件打紧度等。汽车一般采用流水生产方式装配制造，生产环节多，路线长，所以产品在总装过程中有可能出现各种各样的问题，制造厂都采用自检和互检的方式来及时发现装配缺陷并加以处理，以保证装配的质量。自检是指操作者对自己所装配的零部件按照图样、工艺文件或合同中规定的技术标准自行进行检验，并做出是否合格的判断，旨在通过对自己所装配零部件的检验，及时了解被装配件和装配工艺是否符合质量标准要求，以便及时调整生产工艺，使之符合规定要求。这是装配过程中最早的一道检验工序，是保证产品质量合格的重要保障。互检是指下道工序对上道工序流转过来的在制品进行的检验，或班组长对本小组工人的装配内容进行检验，其目的是相互检查被装配零部件的不合格现象，便于及时采取补救措施，从而保证产品的质量。

除了装配人员的检查外，所有制造厂都设置有专门的质量控制工位对装配质量进行集中检查（自检、互检和专检三级检验制度通常称为"三检制"）。质量控制集中检查包含质量门检查和总装报交检查两部分。

质量门检查由总装车间自主保证，通常设置在某一装配工段的终端。图 6-1 所示为某汽车总装车间分别在内饰线、底盘线、车门线和地面调整线的终端设置有四个质量门（图中的①、②、③、④）。

6.2 汽车整车厂质量控制的基本知识

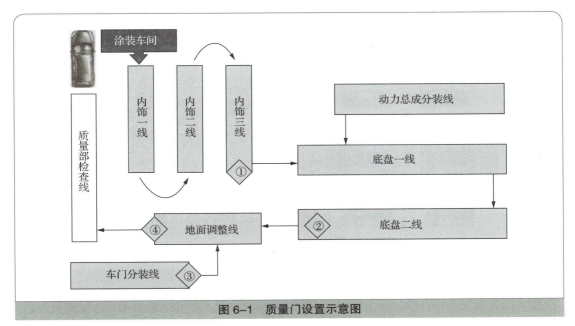

图 6-1 质量门设置示意图

车间设置质量门的目的是对车间的装配质量进行分段控制，以及对产品质量评审所反馈缺陷的改善效果进行确认。质量门一般检查本装配区间内的来件质量、装配质量（见图 6-2）、配合间隙和面差（见图 6-3）三方面的缺陷，将检查发现的缺陷录入 MES（Manufacturing Execution System，制造执行系统）。

图 6-2 本区段的装配质量检查

图 6-3 外观检查

质量门对于重大的内、外部质量问题的快速反应方式为：质量门检查员→质量门班长→VQE（Vendor Quality Engineer，厂商品质工程师）。通过快速反应，将缺陷在生产过程中予以控制和消除。

总装报交检查由质量部负责，在质量部检查线上进行。与质量门检查所不同的是，质量部检查线主要检查密封性、噪声、功能失效等功能性缺陷和动态性能，也包括质量门漏检的或线上无法返修的缺陷。质量部检查线的快速反应方式为：质量检查员→质量部预分析→VQE（见图 6-4）。所有下线有缺陷的车辆由预分析先识别，不能识别或需要花长时间进行识别的缺陷由 VQE 分析。

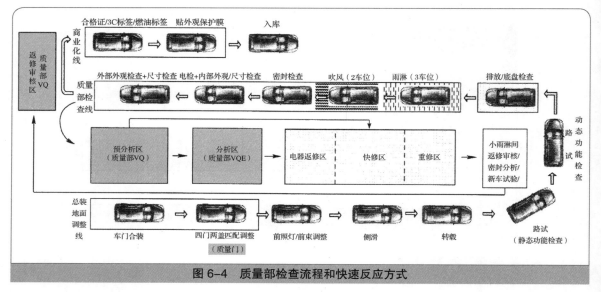

图 6-4 质量部检查流程和快速反应方式

一般将检查线上的检查项目分为静态检验和动态检验两大类。静态检验的目的是检查产品的外观质量、装配完整性、功能件等是否满足设计和产品质量要求。动态检验的目的是检查车辆的安全环保指标是否达到国家的强制性法规要求,以及操纵稳定性、乘坐舒适性、动力性等是否达到企业的质量标准。

检查的流程随企业不同而异。除图 6-4 所示的流程外,也有公司按照下列流程进行:首先进行静态检验,内容包括内、外饰检查和功能件检查;然后进行动态检验,项目包括四轮定位、灯光检测、转毂试验、路试、环保性能测试、底盘检查、淋雨密封性检测;最后进行电子电器与空调系统检验、外观质量检验等。检验过程中发现问题的车辆送返修线修复或调整,返修线一般设有举升机、地沟、补漆室以及必要的检测设备,返修的内容包括机械部件返修、电器部件返修、钣金件返修、补漆等。另有一些公司的检验和调整流程是:首先进行静态检验、四轮定位、转毂试验、淋雨密封性检测、外观质量检验和补漆,然后路试、环保性能测试,检验合格的车辆即成品车置于停车场。还有的公司在车辆发货至销售商前将车辆送入 PDI(Pre Delivery Inspection,出厂前检查)车间,在 PDI 车间内再次对车辆进行清洗、外观检测,对检测过程中发现的漆面损伤等缺陷进行修补,检测合格的车辆贴车身保护膜后停放于发车场等待发货。

6.2.2 装配质量控制与检验的依据

装配人员和质量检验人员在装配和检验过程中的依据是国家标准、技术条件、工艺规程以及其他有关技术规定(如订货合同、技术协议等),主要还是以该车型的装配工艺文件和质量检查标准为依据。

国家标准(包括部颁标准和行业标准)由国家专业主管部门统一颁发,产品图样、技术条件由设计部门提供,工艺规程由技术工艺部门制定。

每种车型的装配工艺和质量检查工艺由各汽车制造企业根据本企业的实际情况和该车型的设计目标所制定,是进行装配质量控制和检验的最主要依据。灯光、噪声、制动、排放等涉及车辆安全和环保性能的质量指标,国家制定有强制性的标准,各汽车企业必须严格遵照执行。

6.3 外观质量检验与静态调整

6.3.1 常见的外观质量缺陷

汽车在制造装配过程中都会或多或少地产生一些外观或者功能上的质量缺陷,外观质量缺陷主要有钢板外观缺陷、涂装缺陷、装饰件和密封条等装备件的外观缺陷、装配缺陷等几大类。

1. 钢板外观缺陷

钢板外观缺陷主要有形变、表面缺陷、冲压缺陷和焊接缺陷。钢板的形变主要在冲压、运转、车身装配和装备件装配过程中产生,表现为各种凹陷、凸起和波纹状变形等。表面缺陷主要是钢板本身的各种表面瑕疵如组织纹等,或者是在冲压或装配过程中产生的压痕、划痕、小凸点等。冲压缺陷是在冲压过程中形成的皱纹、不良圆角、刮痕、压痕和毛刺去除不良等。焊接缺陷主要有定位不良、漏焊、焊点不规则或凸出、焊接变形、夹渣、自焊点向周围散射的针状焊接飞溅、焊接穿孔、唱片纹、焊接开裂等。

钢板外观缺陷在冲压质量门和焊装质量门检验,并对存在的问题进行校正与修复。

2. 涂装缺陷

涂装缺陷主要有油漆气泡或针眼、油漆麻点、涂层起泡、流挂、漆瘤、流痕、面漆上或内部颗粒、色差、油漆剥落、面漆上印记、擦伤、划伤、打磨划痕、遮盖不足、流平不良或光泽度不足、大理石斑纹、涂胶不均或气泡、涂胶位置不对或涂漏或脱胶或开裂、油漆喷涂界面遮盖保护不良、保护材料喷涂不良或飞溅、保护材料喷涂位置不良或未黏结、返修痕明显或油漆飞溅或漆痕、漆面脏污或斑点等。

油漆气泡(见图 6-5)是指漆膜内因局部气体聚集而产生的气泡,常见尺寸约 0.5 mm。针眼(见图 6-6)是指油漆表面出现的一些像针孔样的小孔,常见直径约为 1 mm 或更小。

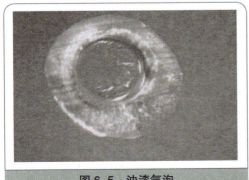

图 6-5 油漆气泡

图 6-6 针眼

油漆麻点（见图 6-7）是指油漆表面出现小凹槽，小如大头针头部，大如小扁豆，除了影响外观外，还可能出现杂质或露底漆现象。

油漆涂层起泡（见图 6-8）是指因局部漆膜层与被涂面附着力降低，漆膜表面呈泡状鼓起而变形。这些变形通常以众多的直径为 0.5 mm 左右的半球状小气泡的形式出现在部件的某一部位，呈现出条形、点状、指纹状等各种不同形状。

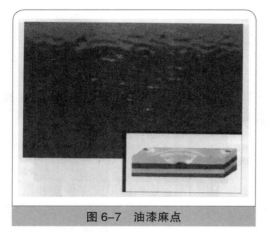

图 6-7　油漆麻点

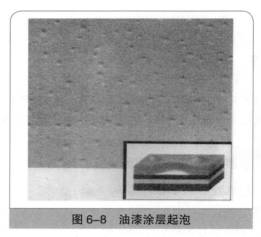

图 6-8　油漆涂层起泡

流挂（见图 6-9）是指油漆沿着垂直缘流动，在末端形成漆滴的现象，多出现于垂直面或棱角处。一般出现在垂直面的为垂幕状流挂，出现在棱角处的为泪痕状流挂。漆瘤（见图 6-10）是指在追之不见的下边缘，或者因为油漆流挂而形成的末端油漆凸起点，或者在水平部件上因为油漆滴落而形成的透镜状凸起点。流痕是因油漆流淌而形成的痕迹，通常是从油漆附着件的水平面转向界边开始形成的。

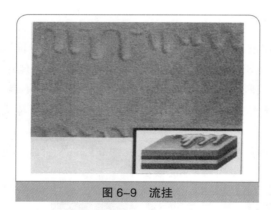

图 6-9　流挂

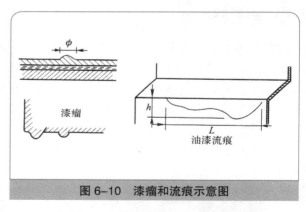

图 6-10　漆瘤和流痕示意图

面漆上或内部颗粒（见图 6-11）是指在面漆上或在漆膜内附着颗粒状异物，使得所在部位的漆膜形成分布不规则、形状不一的粗糙表面。

油漆色差与装备件外观质量缺陷色差概念相同，明显的油漆色差会降低消费者的购买欲望。

油漆剥落（见图 6-12）是由于坚硬物体碰撞油漆表面而使其呈鳞片状脱落或剥落的现象，剥落可能发生于浅表面，也可能发生于油漆的附着面。

面漆上印记是由于未干透的漆膜被手指、粘贴纸、其他零部件等外物碰触而形成的印痕，或者开合件与车身门框的接触痕、电泳阴离子的流动轨迹等。

图6-11 面漆上或内部颗粒

图6-12 油漆剥落

油漆擦伤主要是因为使用不合适的方法清洗车身或者在车身上放置物品而引起漆膜的表面磨损。油漆划伤是由于坚硬、锋利的物体在油漆表面移动而使漆膜受到挫伤,或者造成漆膜呈线状剥离或脱落。较深的划伤可能深入至附着面,直接通过手指接触即可感觉到。打磨划痕(见图6-13)一般是在喷涂面漆前打磨时形成的线状或环状细微划痕,在油漆薄膜层明显可见,而且经常覆盖面积较大。

遮盖不足(见图6-14)是指在局部部位面漆没有完全覆盖住底漆而使底漆外露的缺陷。常表现为从面漆颜色轻微改变直至面漆完全缺乏的渐变形态。

图6-13 打磨划痕

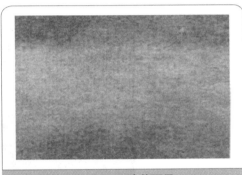
图6-14 遮盖不足

流平不良或光泽度不足表现为漆膜表面不规则,呈橘皮型颗粒状外观(见图6-15),或呈短波状起伏,外观扭曲,反射光不强。

大理石斑纹(见图6-16)主要出现在金属闪光漆膜或珠光漆膜上,表现为在油漆表面存在纹理状污迹,其形状呈大理石斑纹状或光晕状或带状,且污迹分布不规则,比正常色调更深或更浅,从不同角度或多或少都能看见。

图6-15 油漆橘皮

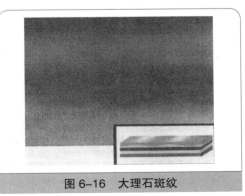
图6-16 大理石斑纹

涂胶不均或气泡是在涂覆密封胶、防腐胶和定位胶等黏合剂时产生的外观缺陷，表现为表面不平滑、有齿印、气泡和胶液外溢等。

涂胶位置不对或漏涂或脱胶或开裂也是涂覆密封胶、防腐胶和定位胶等黏合剂时产生的外观缺陷，表现为胶液涂在车身两个被黏结零部件之外的地方，或漏涂或脱胶或开裂。

油漆喷涂界面遮盖保护不良是指在两种不同颜色的油漆区域之间所要求的油漆界面或衔接处出现的不规则外观，一种颜色油漆溢流到另一种颜色油漆区域。

保护材料喷涂不良或飞溅是指抗石击涂料在喷涂时产生的流挂、痕迹、印记、厚度或界面不规则缺陷，或在喷涂纵梁、翼子板、车门、车身门框等时产生涂料飞溅。

保护材料喷涂位置不良或未黏结是指在喷涂车身下部或底部抗石击保护层时，没有涂到预定位置或漏涂，或导致涂料与被保护件未黏结。

返修痕明显或油漆飞溅或漆痕是在油漆返修过程中出现的缺陷，主要表现为一个或多个明显的凸起、返修件产生了色差、接合线凸起、在返修区内或周围有油漆漆雾、在装备或装饰件上有漆雾或油漆出现、底漆或钣金显露在外、某个有限区域内的漆膜表面比其周围表面的流平要好、存在打磨痕、一个或多个不同颜色的油漆漆痕或漆瘤等。

漆面脏污或斑点（见图6-17）是指因为某些外界残留物，污染了漆膜表面或使得漆膜发生了局部颜色的改变，如润滑脂、油污、树脂、树叶、鸟屎、烟灰、炭黑等。

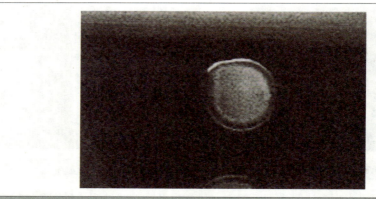

图6-17 漆面斑点

涂装缺陷主要在涂装质量门检验，另外，在质量部检查线还需要进行一次复检，并对存在缺陷的部位予以修复。

3. 装备件外观缺陷

装备件外观缺陷主要有粘贴件起泡或起皱、塑料件制造缺陷、胶结缝不规则、装备件损伤、缝合线和装饰线以及布织物缺陷、色差、装备件变形、润滑剂过多，表面外观不良、擦伤、划伤、清洁度不足和斑点、毛刺去除不良、紧固件毛糙、装饰件起皱等。

粘贴件起泡或起皱是因为粘贴工艺不良或异物导致粘贴件与附着物之间存在气泡或使粘贴件出现皱纹，常见的缺陷部位有车门边框和中心柱以及后侧窗等处的各种装饰物、镶条、商标标识、车身外裙部和门框以及车门和玻璃等处的标签、防砂或防腐保护层等。

塑料件的制造缺陷主要有因浇注不良引起的深度变形以及表面和塑孔等处的凸起变形、切削或修剪量过大或过小、塑料件表面气泡或针孔等。

胶结缝不规则是指因涂胶不均而导致黏结件与附着物之间胶缝不均匀。

装备件损伤主要包括各种塑料件、装饰件、设备或附件出现破碎或裂纹，以及布料、皮革座套、PVC塑料（车门装饰条）、泡沫外壳（仪表板）、橡胶（密封条）等材料制成的零部件上产生了切口、撕裂、切痕或划伤。

缝合线和装饰线缺陷主要是指布料、皮革、塑料等柔软内饰件的缝合线和装饰线存在跳针、破口、明显的断线补缝、缝线松和线头太长等外观缺陷，布织物缺陷主要有脱针、跳行、孔洞、抽纱、断线、开松、印刷缺陷和污点等。

色差是指相邻的两个装备件或同一零件的两个区域之间存在着颜色差异。

装备件变形是指装备件在冲压、热成形和装配等生产过程中产生的凹陷、凸起和变形扭曲等缺陷。

润滑剂过多是指在使用者衣物有可能接触的铰链、锁扣等部位加注了过多的润滑脂，因为过多的润滑脂有可能污染使用者衣物。

表面外观不良主要表现为在装备和装饰件上存在颗粒状毛糙缺陷，在皮革上存在不规则橘皮状颗粒、疤痕或粗糙不平，在不锈钢件和塑料表面存在印记、痕迹、沉淀或装配中造成的污点，在前照灯玻璃光滑表面存在颗粒、小孔和毛刺，紧固件氧化生锈，相邻紧固件颜色差异等。

擦伤主要是因为使用不合适的方法清洗车辆或在车上放置物品而引起不锈钢和塑料等装饰件、内装饰板、装备件的表面破损、划伤。由于坚硬、锋利的物体在零部件上移动而造成内饰件表面、不锈金属装饰件、装备件外部出现局部划痕和剥落，各种玻璃、组合仪表镜面、内外后视镜、前照灯上的划伤可能会伤及深层，使得零部件表面和内部材料间呈现明显的色差而影响美观。

清洁度不足是指在车内或车外线残留有黏合剂、材料碎屑、装配残渣、零件、灰尘、鞋印等，斑点是由于橡胶、发泡剂、沥青、油墨、电解液、各种油脂等与零件接触而产生的污痕。

毛刺去除不良主要是指在铸造零件的结合面和浇注点等处存在一些没有清除干净的毛刺。紧固件毛糙是指紧固件表面粗糙，有可能刺伤或者刮破使用者的衣物。

装饰件起皱是指毛料、皮革、塑料等软质装饰件没有绷紧而产生皱纹。

装备件外观缺陷一般安排在总装各质量门检验，并对存在的问题予以修复。

4. 装配缺陷

装配缺陷主要有间隙过大或过小、间隙不规则、间隙不均匀、间隙不对称、高出或低进、高低不平、不对齐、不贴合、装配不良、固定或紧固不良、定位或角度不良、脱胶等。

间隙过大或过小是指两个零部件之间的实际装配间隙比标准间隙大或者小。间隙不规则是指两个零部件之间的间隙变化没有规律。间隙不均匀是指两个零部件之间的间隙逐渐变大或变小而超出公差范围。间隙不对称是指对称结构的两个对称间隙不相等。

高出或低进是指两个零部件之间的相对位置差超出图样公差范围的上限或下限。高低不平是指两个零部件之间的相对位置差同时存在高出或低进缺陷。不对齐是指两个零部件之间存在一定的面差。不贴合是指两个重叠件或拼接件之间存在较大的间隙。

装配不良是指零部件与基础件之间的配合不良，如车门玻璃密封条定位不良、尺寸超差、泡沫填充材料外溢、车身门框密封条间隙过大等。固定或紧固不良是指零部件没有按照要求固定或紧固，操纵者不能正常使用。定位或角度不良是指零部件的位置或方向与图样不符，但是不会对使用带来很大影响。脱胶是指在车身外裙部和门框上的标签、玻璃和发动机舱的各种标签、镶条、标识、装饰条或装饰板、车身防护条、车门或门框密封条等黏结件因为黏结不良而使黏结件部分脱落。

对于装配缺陷,有的公司安排在总装各质量门检验,也有的公司安排在总装完成后、动态检验之前进行,并对存在的问题予以修复。

6.3.2 外观质量检验与静态调整的主要内容

1. 外观质量检验

在汽车制造企业,钢板外观缺陷一般是在冲压前、冲压后和白车身装配完毕后检查(见图6-18),涂装缺陷一般是在涂装后检查(见图6-19),并及时对缺陷部位加以修整。在总装后期主要检查装备件外观缺陷和装配缺陷,并适当兼顾检查钢板缺陷和涂装缺陷。外观质量检验的内容主要有整车外观检验、车身外表面检验、内外饰附件与底盘部件检验、液位检验、各功能件检查、标识检查等,采用远距离检查、近距离检查、内部检查几种方式进行。

图 6-18 检查白车身

图 6-19 涂装质量检查与修整

整车外观要求车体周正、清洁整齐,无油污、脏污及各种装配辅料,无磕、碰、划伤痕迹,零部件装配完整、正确、可靠,无错装及漏装。

车身外表面要求无变形,缝隙均匀,各处间隙和面差均在公差范围内。车身涂层颜色均匀、光泽明亮,无裂纹、露底、分层、气泡、橘皮、堆积、磕碰、流痕、颗粒、针眼、麻点、剐蹭及流平不良等现象。

内外饰附件要求外观清洁,无色差,无磕、碰、划、伤缺陷,部件齐全完整,无错装、漏装、不合格品装车现象,装配牢固,无松旷现象,内饰面与顶篷无色差。内饰板及地毯固定牢固,无划伤、翘起等变形现象。座椅靠背和坐垫无脏污、皱折、破损等缺陷。车身外装饰粘贴平整,没有翘角和不贴附(有气泡等)现象,保险杠、前照灯、密封条、门把手等部件装配正确。底盘部件要求外观清洁,无油污、锈蚀,无磕、碰、划、伤缺陷,部件齐全完整,无错装、漏装、不合格品装车现象,装配牢固,有力矩要求的重要部位标记清晰、完整。

液位检验主要检查发动机的润滑油油位、转向器助力油油位、制动液液位、膨胀水箱的水位等,各液位应位于上刻度线与下刻度线之间,如图6-20所示。车轮检查如图6-21所示。

6.3 外观质量检验与静态调整

图6-20 发动机舱内液位与装配质量检查

图6-21 车轮检查

车门和车窗应密封良好，无漏水现象。车门玻璃升降器应保证玻璃升降自如、到位。内外后视镜安装正确，调整到合适位置，不得在行驶中松动。仪表板安装牢固，表面无破损及任何刮伤、擦痕，皮纹及颜色符合设计要求。汽车仪表灵敏、可靠，读数清晰，各开关工作正常、可靠、不渗漏。风窗洗涤器工作时，洗涤液经喷嘴喷到风窗玻璃中部以上。风窗玻璃刮水器工作正常，刮水器关闭时，刮水片能自动返回到初始位置。遮阳板在车辆正常行驶中可靠地停留在任何需要的位置上，不存在自动改变位置的现象。车门嵌入二挡且关闭后外表面应平整，棱线应对齐。车门周边间隙均匀一致，各种密封条完好无损、黏结牢固，没有起皱和脱落现象。

车辆的标牌、识别代号（VIN）、发动机号及主要总成的编号等标志齐全，其尺寸、安装位置、安装要求及标志内容符合GB 7258—2017的规定，车辆主要操作部位的操作说明或警告提示牌粘贴到位。

2. 电子电器与空调系统检验

常规电器部件要求外观清洁，无磕、碰、划伤等缺陷，部件齐全完整，无错装、漏装、不合格品装车现象。前组合灯、后组合灯、雾灯、转向灯、牌照灯、室内顶灯、报警灯、制动灯等各灯具及开关工作正常，转速表、车速表、燃油表、里程表工作正常，刮水器电动机间歇、高低速工作正常，音响娱乐系统工作正常，防盗装置工作正常。车门玻璃升降电动机工作正常，升降到位、速度均匀、无卡滞、异响现象。电动后视镜调节控制正常，速度均匀，无卡滞、异响现象。前车门锁、后车门锁、后背门锁工作正常。手动和遥控器操纵，所有车门应同时锁止或同时打开，遥控距离符合设计要求。点烟器工作正常，当点烟器插头从正常位置插入插座后，超过规定时间能自动切断电源，并自动复位到正常位置。

电子控制系统各元器件装配完整，各传感器、执行器和电控单元工作正常，显示屏无故障显示。使用下线检测仪分别对发动机电控系统、变速器电控系统、ABS/ESP、安全气囊系统、防盗系统等进行检测，排除所有故障。

空调压缩机工作正常，无异响，压缩机皮带松紧适中。鼓风机工作正常，无异响现象。空调管路和周围零部件间隙正常，无挤瘪、空调制冷剂泄漏现象。空调控制器操作灵活，无卡滞，且挡位明显。冷凝器风扇工作正常，无异响。空调装置性能良好，在发动机正常工作状态下，起动冷气开关，冷气出口有冷风吹出；起动暖风开关，暖风电动机应立即起动工作，暖风出口有暖风吹出。

3. 静态调整

静态调整主要是在非运行状态下对车辆的前车门、后车门、发动机罩、行李厢盖（简称四门两盖）、天窗等车身开闭件和座椅等部件进行试验，以评判开闭件与车身之间的整体外观效果、结合面处的防水与防噪密封性、车门闭合力、开关门手感、座椅调节方便程度与可靠度等是否满足要求，并对车身开闭件和座椅等处存在的缺陷进行调整，使整车性能及品质满足设计要求。静态调整包括两个阶段，第一阶段是在白车身装配完毕后进行（见图6-22），第二阶段则是在总装完成后进行（见图6-23）。

图6-22　白车身装配质量检查与调整

图6-23　调整车门锁

前车门、后车门、发动机罩、行李厢盖要求开闭正常，开启角度符合技术要求，启闭轻便灵活，无杂音、发滞感觉，关闭后能自动锁紧，用钥匙可以正常打开，防夹性能好，不存在自行开启现象，结合处缝隙均匀，各车门锁及拉手、按钮功能正常，开关自如，安装牢固可靠，无松动、卡滞现象。天窗开闭灵活。运行正常，运动速度均匀，无卡滞、异响现象，与车身配合间隙均匀，无漏水现象。前排座椅前后调节轻便、灵活，无卡滞、异响现象，固定后不得自行滑动，锁止可靠，后排座椅锁止牢固、可靠，座椅锁开启轻便。

6.3.3　外观质量检验的装备

检验人员所使用的检验装备，一般包括各种通用（万能）量具、专用量具、检验夹具、万能精密测量仪器仪表、半自动及自动检查机，以及其他专用检测设备，如电器下线检测仪等。

对于内饰检验，除一般的测量工具，如游标卡尺、钢直尺、间隙尺（规）（见图6-24）、角度轨、高度规等工具外，还有色差仪、三坐标测量仪（见图6-25、图6-26）等专业设备。另外，为了快速准确地测量零部件，对于那些型面或结构比较复杂的零部件还设计有专门的检具（见图6-27）。

图6-24　锥形间隙尺

图 6-25 大型三坐标测量仪

图 6-26 小型三坐标测量仪

因为车身是整个车辆的载体，所有的零件都需要与之配合，所以有的整车厂家制造了标准车身（见图 6-28），提高了分析的速度与准确性。标准车身是按照整车设计图加工制造的一辆高精度样板车，车身采用铸造结构以获得良好的刚度，基本上所有的内外饰件都可以在上面安装。在汽车装配过程中，如果出现间隙和面差超过标准值而又无法判断问题所在的情况，将零件安装到标准车身上进行检测，可以快速地识别是车身缺陷还是零件缺陷。

图 6-27 顶棚检具

图 6-28 标准车身

6.4 动态试验与调整

6.4.1 动态试验项目概述

动态试验主要是检测车辆的基本安全性能和环保性能是否满足国家标准 GB 7258—2012《机动车运行安全技术条件》的强制要求，同时对车辆的动态性能、防水密封性能、乘坐舒适性能等进行测试。按照试验项目的属性来划分，动态试验的项目一般包括四轮定位、基本安全性能测试、路试、路试后检查、环保性能测试、淋雨六个方面。有些公司还进行高级安全装备、其他装备功能、动力性、经济性等方面的检测。测试中发现问题或指标不合格的车辆，送返修区调整。

四轮定位的目的是使车辆保持直线行驶的稳定性、转向轻便，并且使转向轮能自动回正，减少轮胎的磨损等。前转向轮的定位参数包括主销后倾角、主销内倾角、前轮外倾角和前轮前束，后转向轮的定位参数主要包括后轮外倾角和后轮前束。一般情况下只对前轮前束进行调整，也有的车辆需要调整前轮外倾角、后轮前束和后轮外倾角等其他参数。

基本安全性能测试是 GB 7258—2012 强制要求的检测项目，包括前照灯检测、侧滑检测、制动检测、车速表检测、喇叭声级检测等。

每一辆汽车的基本安全性能经检测仪器测试后，还必须由试车员驾驶通过直道、弯道、上下坡、颠簸路等各种不同路面的专用汽车试验跑道，进行实际道路动态试车，主观判断车辆的质量与性能，发现车辆的各种故障缺陷。

路试后检查主要是检查车辆底盘在运行后是否出现零部件松动、变形、损坏及渗漏等缺陷。

环保性能测试也是 GB 7258—2012 强制要求的检测项目，汽车的环保性能测试是汽车测试最复杂的内容之一，也是政府最重视的检测内容。汽车环保性能应该在各种稳态或者瞬态工况条件下进行测试，全面项目检测所需时长，只在车型认证和抽检时才采用。在出厂检测时，一般进行汽油车的怠速排放检测和柴油机的自由加速烟度测试。

淋雨密封性检测是驾驶车辆通过淋雨试验房，以测试车辆的防水密封性能。

高级安全装备检测包括 ABS/TCS/ESP 检测、ASR 检测、安全气囊检查、防撞雷达检测、电涡流缓速器测试（重型载货汽车以及大客车）等项目。

其他装备功能性检测主要检测车辆所具备的基本功能和附加功能是否起作用，并且是否正常发挥作用。功能性检测的项目有变速器测试（包括前进挡和倒挡）、差速器和差速锁测试、电器检查、自动巡航系统检测、空调泄漏检测、转向泄漏检测、转向角检测、转向盘游隙测试、发动机转速表测试等。

整车动力性检测包含车辆的底盘功率、发动机功率和加速性能检测，检测可以使用定性检查及定量测试两种方式。整车动力性的定量测试由于花费时间太长，一般只在车型设计时进行或实行抽检，在很多整车厂尤其是轿车厂的质量保证检测线上，通常是将车辆在模拟负荷下（以转毂试验台的惯性滚筒模拟负荷）加速，由驾驶员主观感觉加速情况而进行车辆动力性的定性检查。这种检查可以迅速判断出装配原因或者部件（发动机）质量问题造成的车辆动力缺陷，从而基本保证出厂车辆的动力性。

经济性检测主要指车辆的燃油经济性测试，可以用等速百公里油耗以及城市工况百公里油耗来表示。燃油经济性检测一般在底盘测功机台架上，对车辆施加一定的工况负载进行测试，花费时间很长，一般只在车型认证时测试，生产过程中进行抽检。

不同类型车辆的功能、配置、性能要求都不相同，在出厂检验时所要求的动态试验项目也就有所区别，一般乘用车出厂的动态试验项目如表 6-1 所示。虽然车轮定位检测与调整属于选试项目，但是因为车轮定位的准确程度直接决定侧滑量的大小，所以汽车企业一般会对每辆车进行检测和调整。

6.4 动态试验与调整

表 6-1 乘用车出厂的动态试验项目

	序号	检测内容	描述
必试项目	1	前照灯检测与调整	含远光以及近光测试，使用灯光检测仪测试
	2	喇叭声级测试	采用声级计检测
	3	侧滑检测	使用单板或双板侧滑台检测
	4	制动力检测	含阻滞力、制动力和制动力差测试，使用制动试验台或者转毂试验台进行检测
	5	车速表检测	采用单轴速度台或双轴转毂试验台检测
	6	汽油车排放检测	采用五气分析仪进行怠速或双怠速检测
	7	柴油烟度检测	采用不透光烟度计以自由加速法检测
选试项目	8	车轮定位检测及调整	采用非接触动态四轮定位仪检测
	9	ABS/TCS检测	采用带ABS/TCS测试功能的双轴转毂制动试验台进行检测
	10	加速性能检测	采用双轴转毂制动试验台测试
	11	变速器测试	在转毂试验台上测试
	12	气囊ECU测试	在转毂试验台或ECOS（Electric Checkout Station）上测试
	13	发动机ECU测试	在转毂试验台或ECOS（Electric Checkout Station）上测试
	14	淋雨测试	采用淋雨房加人工检查

6.4.2 四轮定位

四轮定位在四轮定位试验台上进行，四轮定位试验台目前都是采用激光或数码成像等非接触式测量法。四轮定位参数由设计决定，如某型车的定位参数为：前轮前束（0±2）mm，主销后倾角11°19′±45′，后轮前束 –3~4.2 mm，后轮外倾角 –1°20′±45′。由于四轮定位主要是进行前束调整，因此一般称四轮定位试验台为前束台。车辆驶入前束台后，首先需要通过扫描器扫描或输入车辆的 VIN 码和发动机 VIN 码，并检查随车记录卡的产品名称、型号、颜色等与受检车的一致性。通过转向盘对中定位装置使转向盘处于对中位置并固定，然后由地沟内的操作工根据显示屏的动态显示（见图 6-29），通过调整转向横拉杆（见图 6-30）等调节杆的长度来调整前束值，使前束值满足设计要求。

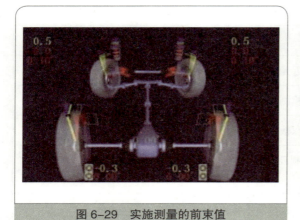

图 6-29　实施测量的前束值

图 6-30　转向横拉杆

除了调整前轮前束外,有些车辆还需要调整前轮外倾角、后轮前束和后轮外倾角,甚至有的需要调整主销后倾角。许多车型是通过旋转装设在悬架下控制臂转轴上的偏心凸轮(或偏心螺栓,见图 6-31)来调整主销后倾角和后轮外倾角的,在定位调节时,一边转动凸轮,一边观察显示器上的数据,直至合格。而在双横臂架的汽车中,主销后倾角和后轮外倾角的调整,是在上控制臂安装螺栓与车架之间加减垫片来实现调整的。多参数调整的顺序是先调后轮,再调前轮;先调主销后倾角,再调后轮外倾角;最后调前束。

图 6-31　偏心螺栓

6.4.3　前照灯检测与调整

前照灯检测项目主要有远光光束发光强度和光束照射位置,其目的是测试车辆前照灯远光的强度是否够亮,以及远光和近光光束的照射位置是否在合格范围。前照灯亮度不够、照射位置不合适都会影响行车安全。

GB 7258—2012 规定,应在车辆电源系统处于充电状态下测试前照灯,每只前照灯的远光光束发光强度应不低于表 6-2 中的数值。

表 6-2 前照灯远光发光光束发光强度最小值要求

机动车类型	发光强度最小值 /cd		
	一灯制	两灯制	四灯制
三轮汽车	8 000	6 000	—
最高设计车速小于 70 km/h 的汽车	—	10 000	8 000
其他汽车	—	18 000	15 000

对前照灯近光光束照射位置的要求是：前照灯照射在距离 10 m 的屏幕上时，乘用车前照灯近光光束明暗截止线转角或中点的高度应为（0.7~0.9）H（H 为前照灯基准中心高度），其他机动车（拖拉机、运输机组除外）前照灯近光光束水平方向位置向左偏不允许超过 170 mm，向右偏不允许超过 350 mm。

使用前照灯测试仪（见图 6-32）并配合专用调节工具进行前照灯检测与调整，调节工具通过旋转前照灯上的调节旋钮（见图 6-33）即可改变光束的上下和左右的偏转方向。通常前照灯检测与四轮定位在同一工位同时进行，也有企业单独设置一个工位。

图 6-32 前照灯测试仪

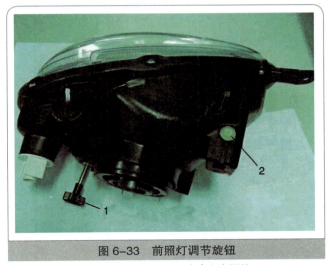

图 6-33 前照灯调节旋钮
1—光束上下调整；2—光束左右调整

前照灯测试仪配备有光束扫描定位装置，能自行进入前照灯光照区，自动调节跟踪光轴，确定明暗截止线及转角，自动完成远近光光束发光强度及光轴偏移度的测定并自动传送数据。

被检车辆驶入前照灯检测与调整工位后，首先打开近光灯，起动前照灯测试仪，测试仪的测试屏会自动从停止位移动到右（或左）前照灯的正前方位置，并检测光束照射位置（见图 6-34）。将前照灯调节工具插入到近光灯调整点上，按下调节工具开关，设备自动调整前照灯高度直至合格。然后打开远光灯，测试仪检测远光灯的发光强度值。检测完毕，系统自动评判结果，测试仪回到停止位。

图 6-34 前照灯检测

6.4.4 侧滑检测

侧滑检测是车辆前轮定位值的一个定性检测，前轮定位失准（主要是外倾角和前束），车辆行驶时转向轮在向前滚动的同时将产生横向滑移，这就是侧滑。侧滑值与四轮定位状态存在很强的关联性，侧滑量小并不代表四轮定位没有问题，但侧滑量过大说明四轮定位一定有问题，因此在四轮定位以后，往往使用侧滑检测线作为复查的手段。侧滑值过大，会造成轮胎磨损，可能使车辆行驶不稳定。

侧滑量使用侧滑试验台检测，目前国内在用的大多数侧滑试验台均是滑板式的，检测时使汽车前轮从滑板上驶过，通过测量滑板左右方向的位移量来检验侧滑量。滑板式侧滑试验台（见图 6-35）按其结构形式可分为单滑板式和双滑板式两种，双滑板式侧滑试验台都是双板联动的，由两块尺寸精密、左右可滑动的侧滑板加位移传感器构成。侧滑板移动的方向是由车轮的侧滑方向来决定的，若前轮外倾角产生的侧滑占主导地位，则侧滑板是向内移动的；反之，若前束产生的侧滑占主导地位，则侧滑板向外移动。因此，侧滑试验台测量出的值既有方向又有量值。

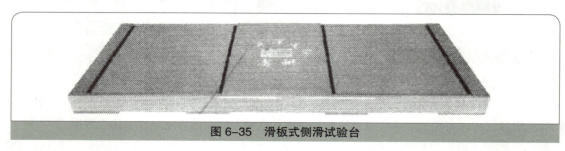

图 6-35 滑板式侧滑试验台

侧滑量定义的单位是 m/km，含义是汽车正直向前行进 1 000 m 而造成试验台的滑动板位移 1 m，即一个基本侧滑单位 1 m/km。GB 7258—2012 规定，对前轴采用非独立悬架的汽车，其转向轮的横向侧滑量，用侧滑台检验时其值应在 ±5 m/km 之间。

侧滑量的检验方法为，将汽车对正侧滑试验台，并使转向盘处于正中位置，使汽车沿台板上的指示线以 3~5 km/h 车速平稳前行，在行进过程中，不允许转动转向盘。转向轮通过台板时，即可测取横向侧滑量。

6.4.5 转毂试验

转毂试验（见图6-36）在转毂试验台进行，它并不是一项独立试验，而是包含多个项目的综合试验。较先进的转毂试验台可以完成制动力测试（含驻车制动）、车速表测试、喇叭声级测试、ABS静态检查、ABS动态检测、发动机变速器加速性能测试、倒挡试验、制动踏板开关或传感器检查、轮速传感器检查、巡航功能检测、驻车制动操作力和制动踏板力测量、空调系统检查等多个项目的试验。

图6-36 转毂试验

1. 转毂试验的主要项目

1）制动力检测（制动效能检测）

GB 7258—2012 要求对车轮的阻滞力、前后轮和整车的制动力以及左右轮的制动力差进行检测，以保证车辆既具有良好的制动性能（制动过程中能迅速停车），又不至于在制动过程中跑偏，同时在正常行驶没有施加制动时，阻滞力很小，以减少车辆磨损，节省燃油。

对行车制动性能的要求是，汽车、汽车列车在制动试验台上测出的制动力应符合表6-3的要求。对空载检验制动力有质疑时，可用表中规定的满载检验制动力要求进行检验。

表6-3 台试检验制动力要求

机动车类型	制动力总和与整车质量的百分比 /%		轴制动力与轴荷的百分比 /%	
	空载	满载	空载	满载
三轮汽车	≥ 45	—		≥ 60
乘用车、总质量不大于 3 500 kg 的货车	≥ 60	≥ 50	≥ 60	≥ 20
其他汽车、汽车列车	≥ 60	≥ 50	≥ 60	—

对制动力平衡的要求是，在制动力增长全过程中同时测得的左右轮制动力差的最大值，与全过程中测得的该轴左右轮最大制动力中大者之比，对前轴不应大于20%，对后轴（及其他轴）在轴制动力不小于该轴轴荷的60%时不应大于24%；当后轴（及其他轴）制动力小于该轴轴荷的60%时，在制动力增长全过程中同时测得的左右轮制动力差的最大值不应大于该轴轴荷的8%。

制动协调时间，对液压制动的汽车不应大于0.35 s，对气压制定的汽车不应大于0.60 s；汽车列车和铰接客车、铰接式无轨电车的制动协调时间不应大于0.80 s。制动协调时间是指在急踩制动踏板时，从脚接触制动踏板（或手触动制动手柄）时起至机动车减速度（或制动力）达到标准所规定的机动车充分发出的平均减速度（或标准所规定的制动力）的75%时所需的时间。

对驻车制动性能的要求是，机动车空载，乘坐一名驾驶员，使用驻车制动装置，驻车制动力的总和不应小于该车在测试状态下整车重力的20%（对总质量为整备质量1.2倍以下的机动车为不小于15%）。

2）车速表检测

车速表检测用于测试车速表指示的准确性，是检测线上原理操作最简单的测试内容之一。由于车速表零部件的可靠性，可能上万次的检测也发现不了一台不合格的车。但是，车速表是各种车辆必备的也是最重要的显示仪表，该仪表不准确或者工作不正常将对驾驶安全构成严重影响，因此所有的汽车制造企业都对车速表进行全数检测。

GB 15082—2008《汽车用车速表》规定，应测试车速表在40 km/h、80 km/h 和120 km/h 三种状态下的准确性。

GB 7258—2012 规定车速表的判定标准是，当该机动车上的车速表指示值（V2）在32.8~40 km/h 范围内为合格；当车速表检验台速度指示仪表的指示值（V2）为40 km/h 时，该机动车上的车速表指示值（V1）的读数在40~48 km/h 范围内为合格。

3）喇叭声级检测

喇叭声级检测是为了确保喇叭够响，足以起到提醒路人和其他车辆注意的作用，同时要确保喇叭不能过于响亮，以免形成噪声污染，所以它也属于环保性测试内容的一部分。GB 7258—2012 规定，汽车喇叭声级在距车前2 m、离地高1.2 m 处测量时，其值应为90~115 dB（A）。

2. 转毂试验程序

不同品牌或型号转毂试验台的功能和可测试项目不同，其试验程序也会存在差异。如某汽车公司转毂试验的程序为：

（1）通过扫描器扫描或手动输入车辆信息。

（2）显示屏提示允许车辆进入后，车辆驶入试验台，并使行车制动和驻车制动都处于自由状态。

（3）连接设置好试验台与被试车辆之间的诊断系统数据通信线路。

（4）预热发动机后，根据系统提示开始各项目的测试。

（5）安装制动踏板拉力计和驻车制动拉力计。

（6）自动空调系统检测。

（7）踩制动踏板，然后松制动踏板，检测制动踏板开关或传感器。

（8）ABS 静态测试。

(9）轮速传感器检查。
(10）加速车辆至 40 km/h，测试巡航功能。
(11）加速车辆至 80 km/h，测试巡航功能。
(12）按照要求逐渐加挡，检测发动机变速器加速性能。
(13）制动性能检测。
(14）ABS 动态测试。
(15）倒挡试验。
(16）喇叭声级检测。
(17）拆除拉力计，断开数据通信线路，打印试验报告，车辆驶出试验台。

每一个测试项目的具体操作过程根据试验台显示的提示进行。

6.4.6 道路试验

道路试验简称路试，试验目的是发现汽车存在的装配缺陷与质量问题，主观评价汽车的操控性能。出厂路试都在公司专用的试验跑道上进行，所产生的车型不同，典型路面的设置与跑道的长度会有所不同。路试检验的内容主要包括起动、灯光与信号装置的工作有效性、制动、转动、ABS/ESP 系统性能、跑偏、平顺性、轮胎附着特性、运行噪声、发动机和变速器的动力与换挡性能等。

路试的工艺规范由各汽车企业根据 GB 7258—2012 规定、车辆类别和企业的道路条件制定，一般包括路试前检查、跑道路试、路试后检查三个阶段。

1. 路试前检查

路试前主要检查底盘系统、开闭件、仪表板总成、安全装置和操纵装置的性能和工作状态，检查的目的是消除影响行车安全的各种缺陷，保证各装置工作正常。

1）底盘检查

底盘检查主要在地沟内进行。检查发动机、散热器、空调压缩机皮带，应无异响噪声。检查前、后、左、右减震器，外表无油迹，防尘罩安装正确。检查悬架系统、转向系统，各杆件应完整，无变形和撞击痕，防尘罩无裂纹和破损。检查传动轴、转向器等，应无润滑剂渗漏，防尘罩完整。检查行车制动管路和驻车制动拉索，外观应良好，走向正确，无制动液渗漏。检查排气管及隔热衬套等，应支撑紧固良好，无干涉、异响、抖动、外观不良等缺陷。检查油箱，应固定良好。

2）检查开闭件的工作性能

试车员上车前，应该首先检查随车卡的符合性，然后检查前后车门、发动机罩、行李厢盖、加油口盖等开闭件的锁闭状态和工作性能，确认各开闭件都处于关闭或紧锁状态。进入驾驶室后，也要关闭好左前车门。

3）检查仪表板总成

打开电源开关后，视察仪表板上燃油表、冷却液温度表、里程表、车速表、发动机转速表、油压警告灯、发动机温度报警灯、充电报警灯、驻车制动指示灯、制动液警告灯、信息显示屏的显示状态是否正常。拨动转向、照明、刮水器、玻璃升降等各开关，检查仪表上的指示灯与信息显示、各装置的动作是否与开关位置一致。检查收音机等娱乐和多媒体系统的工作是否正常。

4）检查安全装置和操纵装置

检查后视镜，应完整，并调节至合适角度。检查安全带，应工作正常，插入安全带锁扣后，相应仪表显示应熄灭。检查离合踏板高度和自由行程，应在标准范围内，踩下和松开离合器踏板，检查有无异响、阻滞，观察离合器踏板返回是否顺畅。检查制动踏板，操作应灵活，回位良好无干涉，操纵应轻便，松开加速踏板时回位应灵活，无异响。检查制动踏板，无阻滞现象，自由行程在标准范围内。变速器换挡操纵灵活，无干涉和异响。经过上述检查，确认没有影响路试安全的缺陷存在。

5）发动机起动性能检查

发动机在 0 ℃以上的常温环境下，一般 5 s 内应能顺利起动；如果连续 3 次不能起动，则说明发动机存在故障。发动机起动后，观察机油压力和冷却液温度是否正常，检查怠速是否稳定，同时应检查空调系统的工作性能。

2. 跑道路试

在确保车辆安全的情况下，由试驾员驾驶车辆进入试车道开始路试。路试工艺因各公司的道路条件不同而异，如某公司的路试工艺为：以 20 km/h 左右的速度进入起伏路试验，以 70 km/h 左右的速度进入高速直行路试验，以 40 km/h 左右的速度驶入 ABS 检测路段紧急制动，以 20 km/h 左右的速度进入比利时路面，以 20 km/h 左右的速度沿蛇形路进行转向性能试验，以 10 km/h 左右的速度匀速进入扭曲路，以 30 km/h 左右的速度匀速进入方石路，以 20 km/h 左右的速度进入卵石路。

在高速直行路段，主要检查发动机的加速性能、变速性能、驱动桥性能、制动性能及行驶噪声等项目。车辆在加速行驶过程中，发动机、变速器、驱动桥不得有异常振动或异响，传动轴不得有抖动、摆振现象。高速行驶过程中，车辆行驶噪声应不超过限定值。车门锁紧可靠，不得有自行开脱现象。离合器应接合平稳、分离彻底，无抖动、异响和打滑等现象。节气门反应灵敏，加减节气门开度时车速均匀变化，无卡阻、滞后、窜车等现象。变速器齿轮啮合灵便、换挡平顺、轻便、灵活，无卡滞或异响，各挡位清晰可辨，行驶时变速器无脱挡和自行换挡等现象。自动变速器无颤动和打滑现象，换挡时机合适。紧急制动时，制动距离应满足国家标准要求，点制动时不应有跑偏和甩尾现象。不存在跑偏、转向盘抖动、路感不灵或其他异常现象。在驻车坡道上拉紧驻车制动器操纵杆，上下两个方向上的驻车性能满足标准要求，紧急定位劳固和解脱顺畅，机构运行正常。

在弯道行驶时，主要检查车辆的悬架性能和转向响应特性，要求转向轻便、平稳、随动性好，存在一定的不足转向特性。

在强化坏路面行驶时，主要检查车辆的操纵稳定性、平顺性和各零部件的装配紧固程度，要求车身刚度好，底盘和悬架系统无松旷和异响，车辆的操纵性和平顺性满足要求。

跑道路试完毕，试车员将车辆在路试中的运行状态和发现的各种问题填写于记录单上。

3. 路试后检查

跑道路试完成后，应再次检查前后车门、发动机罩、行李厢盖，开闭应灵活，无异响和变形。打开发动机罩，检查制动液、转向助力液，液位应位于最低位与最高位之间，且无液体溢出，各装配件在路试之后应无松动或脱落等现象。在发动机运转状态下，检查发动机舱内各部件的工作情况，应无干涉和异响现象。

在地沟内检查，燃油箱、燃油管、燃油滤清器、加油管及各连接部位无渗、漏油现象；燃油箱和燃油管表面无破损，固定到位，接口处卡箍卡接牢固；发动机缸体、缸盖、水泵、节温器、散热器、暖风装置及所有管路和连接处，不得有漏水现象；曲轴箱、油底壳、变速器、驱动桥各配合面，应干净无渗漏，工作温度正常，无过热；水管表面无破损，走向合理，无打折和干涉现象，固定到位，接口处卡箍卡接牢固；排气歧管、三元催化器、排气消声器及其连接处，无漏气现象，各部位连接无松动；悬架系统及前后减震器装配到位，无紧固件漏装、零件变形、油液渗漏现象；风窗洗涤器储液罐、泵、管及连接处均不得有漏水现象；制动主缸、制动管路、制动轮缸及各连接处无制动液渗漏现象，管路无干涉、扭曲、变形现象；用手感知四轮轮毂，应无异常发热现象；空调冷凝器、管路及各接头处无渗漏现象，管道固定到位，无干涉现象，表面无裂纹。

6.4.7 环保性能测试

汽油机的排放检测主要是使用废气分析仪（见图6-37）检测排放废气中的一氧化碳（CO）、碳氢化合物（HC）、二氧化碳（CO_2）、氮氧化合物（NO_x）和氧气（O_2）（简称五气）的含量，而柴油机的尾气检测主要是使用烟度计（见图6-38）检测尾气中的烟度。

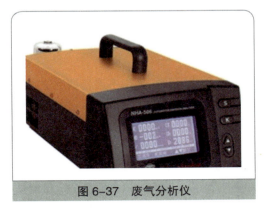

图6-37 废气分析仪

图6-38 不透光烟度计

GB 7258—2012规定：机动车排气污染物排放应符合国家环保部门相关标准的规定，汽油车的相关标准为GB 18285—2005《点燃式发动机汽车排气污染物排放限值及测量方法（双怠速法及简易工况法）》，柴油机的相关标准为GB 3847—2005《车用压燃式发动机和压燃式发动机汽车排放烟度排放限值及测量方法》。

1. 汽油车排放检测

汽油机尾气分析仪种类繁多，但其基本原理和方法相同。尾气中CO、HC、CO_2的测量采用不分光红外线法（NDIR），NO_x、O_2的测量采用电化学电池法。

不分光红外线法的原理是：CO、CO_2 和 HC 等气体均在红外线波段有着各自对应的（不同）特定波长的辐射能量的本体吸收特性，对某一个特定波长辐射能量吸收的程度取决于与其对应的被测气体浓度。经被测气体吸收后的红外辐射能，通过特定波长滤光片作用于热释电检测器上，即转变为与被测气体浓度值对应的电信号。再将该电信号与一恒定不变的相当于被测气体为零的参比电信号进行比较，并将其差值放大、检波、光路平衡，零、终点调整，线性化校正等，仪器指示仪表上即显示被测气体的浓度。

电化学电池法是采用电化学传感器检测各种特定气体的浓度，传感器通过与特定的被测气体发生反应并产生与气体浓度成正比的电信号来工作。

GB 18285—2005 规定：新生产汽油车的排气污染物排放限值应满足表 6-4 的规定。

表 6-4 新生产汽油车的排气污染物排放限值（体积分数）

车型	类别			
	怠速	满载	高怠速	满载
	CO/%	C/%	CO/%	HC（$\times 10^{-6}$）/%
2005 年 7 月 1 日起新生产的第一类轻型汽车	0.5	100	0.3	100
2005 年 7 月 1 日起新生产的第二类轻型汽车	0.8	150	0.5	150
2005 年 7 月 1 日起新生产的重型汽车	1.0	200	0.7	200

试车员驾驶车辆根据屏幕显示进入环保测试工位后，连接好设备通信线路，使用条码枪扫描随车上的 VIN 号，再将分析仪取样探头插到排气管内，按屏幕上的指示控制发动机转速分别在高怠速和低怠速各保持一段时间，检测高怠速和低怠速下的排放值，检测结束后打印结果并复原设备。

2. 柴油车烟度检测

GB 3847—2005 规定：对新生产的柴油车应该进行自由加速试验，采用不透光烟度法测定排气烟度。排气烟度以光吸收系数表示，单位为 $1~\text{m}^{-1}$。标准规定，测得的光吸收系数不应大于该汽车装用发动机型式核准批准的自由加速试验排气烟度排放的限值加 $0.5~\text{m}^{-1}$。汽车制造厂应确保新生产汽车满足该要求，否则不得出厂。

自由加速不透光烟度法的检测过程是：柴油机处于怠速状态时，将加速踏板循速踏到底，维持 4 s 后松开，此时状况定义为自由加速工况。在自由加速工况下，从排气管中抽取一定量的排气（或者全部的排气），采用不透光烟度计进行检测，来判定试验车辆的烟度排放是否满足标准。

6.4.8 淋雨密封性检测

使用淋雨试验房对车辆进行淋雨密封性检测（见图 6-39），试验车关闭所有门窗进入淋雨房后，喷嘴开始从各个方向向车辆喷水。根据 QC/T 476—2007《客车防雨密封性限值及试验方法》规定：车身侧面、后部、顶部和底部平均强度为 (8 ± 1) mm/min，试验时间为 15 min。由于受生产节拍的限制，一般的汽车公司都采用增大淋雨强度和缩短淋雨时间的方式进行淋雨试验，如某公司淋雨试验的淋雨强度为 30~35 mm/min，淋雨时间为 3 min，与生产节拍一致。

6.4 动态试验与调整

图 6-39 淋雨试验

　　车辆淋雨后通过干燥室去除车身外表的残留水，然后驶出干燥室进行密封检查，检查的方式主要为目视和触摸感知。检查前后车门和行李厢盖等处的密封条，应无进水现象。检查前后风窗及天窗的玻璃，密封条和与其接触的顶棚内饰件、风窗立柱等处，应无漏水。检查侧窗玻璃密封条门护板、门槛装饰件等处，应无漏水和积水。检查座椅下部、乘员室和行李厢地毯等处，应无漏水。检查前后、左右所有的灯具，应无积水和水雾。

第 7 章 总装生产现场管理

现场管理是对生产第一线的装配生产过程各要素，包括人、机、料、法、测、环等进行优化组合的综合性基础管理。现场管理主要包括两个方面：一是对生产诸要素进行合理配置，消除设备和人身的不安全因素，尽量避免装配生产过程中的冗余要素和无效劳动，减少浪费，降低成本；二是对装配生产活动进行有效的组织、协调和控制，保证作业计划能够有效执行，装配质量得到保证。

要实现科学的现场管理，企业必须首先实施标准化。所谓标准化，就是将企业的各种规范，如规程、规定、规则、标准、要领等形成文字化的文件，这些文件统称为标准（或称标准书），企业的生产活动都严格按照标准来进行。

创新改善与标准化是企业提升管理水平的主要手段。创新改善是使企业管理水平不断提升的驱动力，而标准化则是防止企业管理水平下滑的制动力。没有标准化，企业不可能维持在较高的管理水平上。

制造的目的就是以规定的成本和工时，生产出品质均衡、符合设计文件和国家强制性法规要求的汽车产品。如果制造现场的作业环境脏、乱、差，作业工序前后次序随意变更，或者作业方法、作业条件随意改变，一定无法生产出符合质量标准的产品。因此，必须对作业环境、作业流程、作业方法、作业条件加以规定并贯彻执行，使之标准化。

通过现场标准化，可以使生产现场环境整洁有序、科学合理。而技术标准化则可以将企业员工所积累的技术、经验，通过文件的形式加以保存，避免因为人员的流动而使技术、经验跟着流失。每一项工作即使换了不同的人来操作，在效率与品质上也不会出现太大的差异。

所有标准都应该有明确的目标，只要遵循标准就能保证生产出相同品质的汽车产品。在内容表述上应准确，尽量量化并具有唯一性，避免抽象和含糊不清，要详细说明作业程序和方法，同时要保证可操作性强。

标准具有一定的时效性，它是依据当时的生产环境、技术条件和工艺水平制定的，反映的是制定当时的正确操作情况。当各项因素发生改变后，应该对标准进行修订。一般情况下，当标准中的某项内容较难或者难以执行、汽车产品的质量要求或者相关国家标准发生改变、零部件或材料改变、设备或仪器工具发生改变、生产工艺或工作程序改变、现场环境或国家政策等外部因素改变时，都应该重新修订标准。

通过标准化实现现场科学管理的基本方法有 6S 管理、定置管理、目视管理、看板管理等。

7.1 6S 管理

6S 管理起源于日本，是指对生产现场各生产要素（主要是物的要素）所处状态不断进行整理、整顿、清扫、清洁、提高素养及安全的活动，其目的是提升员工素质，创造并保持安全、整洁、有序的工作环境，以提高工作效率，保证产品质量。6S 的典型例子如表 7-1 所示。由于"整理""整顿""清洁""清扫""素养"这五个日语拼音和英语"安全"的第一个字母都是"S"，所以简称 6S。

表 7-1　6S 典型例子

中文	日语拼音	典型例子
整理	Seiri	定期处理不用的物品
整顿	Seiton	金牌标准：30 s 内就可以
清洁	Seiketsu	维持 6S 成果，保持环境清洁
清扫	Seiso	自己的区域自己负责清扫
安全	Safety（英）	严格按照规章、流程作业
素养	Shitsuke	严守规定、团队精神、文明礼仪

6S 有很多种说法，最基本的内容是 5S。西方国家一般将 5S 定义为分类、定位、刷洗、制度化和标准化（见表 7-2），这五个英语单词的首个字母也都是 S。5S 加上安全（Safety）就变成 6S，加上节约（Saving）就变成 7S，加上服务（Service）就变成 8S，再加上顾客满意（Satisfaction）就变成 9S。不管是在哪个国家，5S 或 6S 的说法虽然存在差异，但是内涵是一致的。

表 7-2　西方国家的 5S 定义

中文	英文	内容
分类	Sort	区分要与不要之物，并将不需要之物清除掉
定位	Straighten	将需要之物合理放置，以便使用
刷洗	Scrub	清除垃圾、污物
制度化	Systematize	使日常生活及检查工作成为制度
标准化	Standardize	将上述 4 个步骤标准化，使活动维持和推行

6S 管理是企业各项管理的基础活动，它有助于消除企业生产过程中可能出现的各类不良现象。通过推行 6S 管理可以规范企业的内部管理，提高生产效率，降低生产成本，提升企业形象，塑造员工素养，创建优秀的企业文化，增强企业的凝聚力和竞争力。

7.1.1 整理

整理是指区分需要与不需要的事物并加以处理。整理是改善生产现场的第一步，如图 7-1 所示，其流程大致可分为分类、归类、制定基准、判断要与不要、处理以及现场的改善六个步骤。

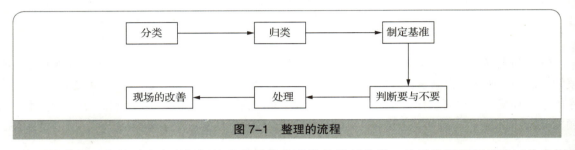

图 7-1 整理的流程

整理的实施要点是对生产现场摆放和停置的各种物品进行分类，然后按照判断基准区分出物品的使用等级。对于现场不需要的物品，诸如用剩的材料、多余的半成品、切下的料头、切屑、垃圾、废品、用完的工具、个人生活用品等，应清理出现场。

整理的关键是制定合理的判断基准，如果判断基准没有可操作性，将无法实施整理。判断基准主要有三个，即"要与不要"的基准、"场所"的基准、废气处理的原则。

"要与不要"的判断基准应当非常明确，例如工作服不能放置在办公桌上。表 7-3 中列出了实施 6S 管理后办公桌上允许及不允许摆放的物品，再通过目视管理进行有效的标识并要求员工执行。

表 7-3 办公桌上允许及不允许摆放的物品

要（允许放置）	不要（不允许放置）
电话号码本 1 个	照片（包括玻璃板下）
台历 1 个	图片（如玻璃板下）
三层文件架 1 个	文件夹（工作时间除外）
电话机	工作服
笔筒 1 个	工作帽

场所的基准，是指现场物品放置处所的评判标准。明确场所的基标，不应当按照个人的经验来判断，而应该根据实际的使用情况即物品的使用次数和频率确定，如表 7-4 所示。

表 7-4 明确场所的基准

使用次数	放置场所
1 年不用 1 次的物品	废弃或特别处理
平均 2 个月到 1 年使用 1 次的物品	集中场所（如工具室、仓库）
平均 1~2 个月使用 1 次的物品	置于工作场所
1 周使用 1 次的物品	置于使用地点附近
1 周内使用多次的物品	置于工作区随手可得的地方

因为市场变化和其他因素的影响等，总是会持续产生一些不再需要的物件即废弃物。对于废弃物的处置，应由各部门提出申请，由公司明确指定的各判定部门审核通过后，交由一个统一的部门来处置这些废弃物。例如，质检科负责废弃物料的档案管理和判定；设备科负责废弃设备、申报；采用部、销售部负责废弃物的处置；财务部负责废弃物处置资金的管理。

在整理过程中，应强调物品的使用价值，而不是原来的购买价值。物品的原购买价格再高，如果在今后相当长的时间内都没有使用该物品的可能，那么这件物品对公司来说使用价值就不高，应及时处理。

7.1.2 整顿

整顿是把需要的事物加以定量和定位。通过上一步整理后，对生产现场需要留下的物品进行科学、合理的布置和摆放，使工作场所整洁有序、一目了然，以便快速地取得所要之物，在最简捷、有效的规章、制度、流程下完成工作，提高工作效率和产品质量，保障生产安全。

1. 整顿的三要素

整顿的三要素即场所、方法和标识。判断三要素是否合理的依据在于，需要时，能否快速找到物品，并且在使用后是否易于放回原地，如图7-2所示。良好的整顿结果是，当寻找某一件物品时，能够通过定位、标识迅速找到，并且很方便将物品归位。

物品的放置场所原则上要100%设定，且一目了然。对每种零部件和物料都应该规定明确的放置区域，各区域之间分隔醒目，避免零件之间的混乱堆放。如可以使用不同颜色的油漆和胶带区分不同的场所（见图7-3），用黄色代表通道，白色代表半成品，绿色代表合格品，红色代表不合格品等。

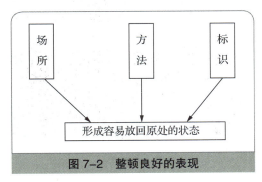

图7-2 整顿良好的表现

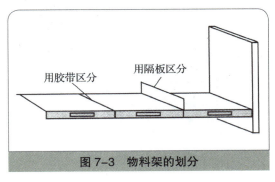

图7-3 物料架的划分

方法要素是指，原则上要明确所有物品的放置方法，如竖放、斜置、吊放、钩放等，最佳方法必须符合容易拿取的原则。例如，图7-4给出了两种将锤子挂在墙上的方法，第一种方法拿取和归位都非常方便（见图7-4（a）），第二种方法则要将锤柄上的小孔对准钉子后才能挂上（见图7-4（b）），拿取时不方便。

图 7-4 锤子挂法比较

(a) 锤子挂法（一）；(b) 锤子挂法（二）

标识的目的是使作业人员能够很容易地找到希望到达的区域或者所需物件。制作和安置标识时要考虑标识位置及方向的合理性，公司应统一（定点、定量）标识，并使用清晰的表示方法，如充分利用颜色来表示等，使任何人都能十分清楚任何一堆物品的名称、规格参数等。

2. 整顿的三定原则

整顿的三定原则是指定点、定容和定量。

定点也称为定位，是根据物品的使用频率和使用便利性，决定物品所应放置的场所。一般来说，使用频率越低的物品，应该放置在距离工作场地越远的地方。通过对物品的定点，能够维持现场的整洁，提高工作效率。图 7-5 所示为学生板凳固定的放置点。

定容是指明确使用容器的大小、材质和颜色等。通过选用合适的容器，并在容器可视部位加上相应的标识（见图 7-6），不但能使杂乱的现场变得有条不紊，还有助于管理人员树立科学的管理意识。

图 7-5 定点原则示例

图 7-6 定容原则示例

定量就是确定保留在工作场所或其附近的物品的数量。现场放置物品的数量应该以不影响工作为前提，数量越少越好。通过定量控制，能够使现场整齐、生产有序，明显降低浪费。

3. 形迹管理

为了对工具等物品进行管理，很多企业采用工具清单管理表来记录序号、名称、规格、数量和时间等信息。但是使用工具清单管理表较为烦琐，而且无法做到一目了然，而采用形迹管理则直观明确。

形迹管理是标识要素和定点原则的具体应用，它是在物品放置处一一对应地绘制或制作物品的形状图案。如图 7-7 所示，画出每件工具的轮廓图形以显示工具搁放的位置，这样有助于保持存放有序。当工具丢失或放错位置时，能够立即发现。

图 7-7　形迹管理的应用

7.1.3　清扫

清扫包括清除环境不良之处（即脏污）和设备不良之处（即故障）两方面的内容，即发现并扫除生产现场的设备、材料、环境等生产要素的脏污部位（包括不易看到的角落、隐蔽点），定时对设备进行清洗、润滑、拧紧螺栓等维护，当设备出现异常时及时进行修理以排除故障，使之恢复正常运转状态。清扫过程是根据整理、整顿的结果，将不需要的部分清除出去，或者标示出来放入仓库。

在生产过程中，现场会产生灰尘、油污、铁屑、垃圾、刺激性气体等，从而使现场变得脏乱。设备上的污染物会使其精度下降，故障多发，影响产品质量；脏、乱、差的现场会影响员工的工作情绪。通过清扫活动清除杂物，创建一个明快、舒畅的工作环境，可以保证安全、优质、高效率地工作。

清扫的要领包括责任化、标准化和污染源改善处理。

所谓责任化，就是要明确责任和要求。在 6S 管理中，经常采用如表 7-5 所示的 6S 区域清扫责任表来确保责任化。在责任表中，对清扫区域、清扫部位、清扫周期、责任人、完成目标情况都应具有明确的要求，提醒现场操作人员和责任人员需要做哪些事情，有哪些要求，明确用哪些方法和工具去清扫。

表 7-5　6S 区域清扫责任表

项目	1日	2日	3日	4日	5日
目标要求					
实际评估					
情况确认					

对于同样的一个问题，不同的人可能会有不同的解决方案，从而获得不同的效果，甚至是相反的结果。生产现场环境复杂多变，如果不实现标准化，前期的错误在后期可能会再犯。清扫标准化，就是将经过验证的不容易造成安全隐患的、效率高的方法制定成标准，所有员工都按照标准的程序清扫，以获得良好的清扫效果。

每一种污染都是由污染源导致的，如果不对污染源改善处理，清扫后环境还会受到污染，每天的重复无效劳动会使员工对 6S 管理产生抵触情绪。应该引导员工采取措施对污染源进行处理和排除，杜绝再次发生同样的污染。

7.1.4 安全

所谓安全，就是通过制度和具体措施来提升企业的安全管理水平，防止发生人身和设备灾害。安全管理的目的是加强员工的安全观念，使其具有良好的安全工作意识，降低事故发生率，提升员工的工作品质。

可以通过下述六项措施，推行企业的安全管理。

1. 彻底推行 3S 管理

现场管理中有一句名言：安全自始至终取决于整理、整顿和清扫（3S）。如果工作现场灰尘四起，油污遍地，垃圾随处堆放，环境凌乱不堪，不仅会影响现场员工的工作情绪，还有可能造成重大安全事故。创造安全生产现场，必须做好整理、整顿和清扫工作。

2. 安全隐患识别

安全隐患识别是一种防患于未然的工作方式，首先列出作业项目的工作程序和步骤，然后分析每一步工作是否可能造成安全隐患。例如，在检修安全管理工作中，应该详细分析高空作业是使用安全绳还是吊篮或者其他一些辅助措施，分别列出使用各种工具或措施可能产生的情况和问题，针对可能产生的问题采取一系列预防措施来防止问题的发生。

3. 使用标识

在安全管理中，常用各种标志来说明或表示某种行为、某设备或环境的危险等级或状态，或者说明应该采取的措施。GB 2894—2008《安全标志》规定了传递安全信息的各种标志，标准将标志分为禁止、警告、指令和提示四类，此外还有辅助标志。禁止标志的含义是不准或制止人们的某些行动，几何图形是红色带斜杠的圆环外加黑边框、黑色图形符号和白色背景（见图 7-8）。警告标志的含义是提醒人们对周围环境引起注意，以避免可能发生的危险的图形标志，几何图形是黑色的圆角正三角形、黑色符号和黄色背景（见图 7-9）。指令标志的含义是强制人们必须做出某种动作或采取防范措施的图形标志，几何图案是圆形、蓝色背景和白色图形符号（见图 7-10）。提示标志的含义是向人们提供某种信息（如标明安全设施或场所等）的图形标志，几何图形是正方形、绿色图形符号和白色背景（见图 7-11）。

图 7-8 禁止烟火标志

图 7-9 注意安全标志

图 7-10 指令标志

图 7-11 向左提示标志

4. 制订改善计划并消除隐患

通过安全隐患识别和使用标识并不能杜绝所有的安全事故，企业必须定期制订消除隐患的改善计划并拨付相应的经费，专门用以解决安全隐患问题，如加强防护措施，防止物品搬运中撞坏现场的设备、仪表等。

5. 建立安全巡视制度

企业应建立安全巡视制度，由经过专门培训的安全巡视员对生产现场进行巡视，以实现"无不安全的设备、无不安全的操作、无不安全的场所"为目标，通过出示各种警示牌来表示现场的安全隐患程度，以提示现场管理人员进行处理。警示牌可以使用红牌、黄牌等，如对公司财产可能造成20 000元以上损失或对人身安全构成重大隐患的，使用红卡；对公司财产可能造成5 000~20 000元损失或可能对人身造成一般伤害的，使用黄卡；对公司财产可能造成5 000元以下损失的，则使用绿卡。

6. 强化班组安全管理

班组是基层的现场生产单位,最有可能发生事故。企业应加强班组员工的安全教育,公布一些紧急事故的处理方法。例如,经常强化演练火灾发生时的处置方案和逃生路线,指定救护负责人和救火负责人,以及确定集合疏散地点等。今后一旦发生火灾,可以确保快速疏散员工,将灾害损失减少到最小。

7.1.5 清洁

清洁是在整理、整顿、清扫、安全等管理工作之后,认真维护已取得的成果,保持现场完美和最佳状态,并使其成为制度和常态化。同时,对已经取得的良好成绩,不断地进行持续改善,使之达到更高的境界。

在企业生产过程中,总是会不断地出现新的不需要的物品或产生新的污染,这就需要不断地对现场进行整理、整顿和清扫等工作,通过制度化和标准化的持续工作来保持前面的4S成果。此外,还需要采取有效的激励方法,加强对员工的培训,并通过形式多样的考核检查,督促所有员工朝着共同的目标去奋斗。

7.1.6 素养

素养是指通过推行6S管理,提高员工素质,促使每位成员养成良好的遵守公司规则的习惯,并具有积极主动的精神。

素养推行的第一步是持续推动前面的5S,直至所有的员工习惯化。第二步,在此基础上,制定各种相关的规章制度,如作业要点、操作规程、安全卫生守则、服装仪容、礼仪守则等,作为大家共同遵守的行为准则。第三步,就是对全体员工教育培训,使每位员工都领会素养的要求,熟知各种规章制度。第四步,通过领导巡视、干部率先倡导实施、6S成果展览、表彰先进等活动,激发员工的热情与责任感,达到自觉遵守规则并将6S管理长期不懈地坚持下去的目的。

7.2 定置管理

定置管理起源于日本,由青木能率(工业程序)研究所的艾明生产创导者青木龟男始创。他从20世纪50年代开始,根据日本企业生产现场管理实践经验,提出了定置管理的概念。后来,又由日本企业管理专家清水千里在应用基础上,发展了定置管理,将其总结和提炼成了一种科学的管理方法,并于1982年出版了《定置管理入门》一书。以后,这一科学方法在日本许多公司得到推广应用,都取得了明显的效果。

7.2 定置管理

定置管理是对生产现场中的人、物、场所三者之间的关系进行科学的分析研究，使之达到最佳结合状态的一门科学管理方法，它以物在场所的科学定置为前提，以完整的信息系统为媒介，以实现人和物的有效结合为目的，通过对生产现场的整理、整顿，把生产中不需要的物品清除掉，把需要的物品放在规定位置上，使其随手可得，促进生产现场管理文明化、科学化，达到高效生产、优质生产、安全生产的目的。定置管理是6S活动的一项基本内容，也是6S活动的深入和发展。

开展定置管理通常需要经过工艺研究、人物结合状态分析、信息流分析、定置设计、定置实施、检查与考核六个阶段。

7.2.1 工艺研究

工艺研究是定置管理的起点，它是对生产现场有的加工方法、机器设备、工艺流程进行详细研究，确定工艺在技术水平上的先进性和经济上的合理性，分析是否需要和可能应用更先进的工艺手段及生产方法，从而确定生产现场产品制造工艺路线和搬运路线。

工艺研究是定置管理的起点，它是对生产现场现有的加工方法、机器设备、工艺流程进行详细研究，确定工艺在技术水平上的先进性和经济上的合理性，分析是否需要和可能应用更先进的工艺手段及生产方法，从而确定生产现场产品制造的工艺路线和搬运路线。

工艺研究是一个提出问题、分析问题和解决问题的过程，包括现场调研、分析现状和确定改进方案三个步骤。

1. 现场调研

通过查阅资料、现场观察，对现行方法进行详细记录，为工艺研究提供基础资料。现代汽车生产工序繁多，操作复杂，如用文字记录现行方法和工艺流程，势必显得冗长烦琐。在调查过程中可运用工业工程中的一些标准符号和图表来记录，一目了然。

2. 分析现状

运用各种研究方法，对现有的工艺流程及搬运路线等进行分析，找出存在的问题及其影响因素，提出改进方向。

3. 确定改进方案

定置管理人员根据改进方向拟定新方案，并与旧的工作方法、工艺流程和搬运线路进行技术经济对比分析，在确认新方案的先进性后，作为新的标准工艺方法加以实施。

7.2.2 人、物结合状态分析

人、物结合状态分析是开展定置管理的关键环节。人与物的结合是定置管理的本质和主体，结合状态在很大程度上影响工作效果，定置管理的目的就是实现生产现场人、物、场所三者最佳结合。

按照人与物之间是否通过媒介结合，可将结合状态分为直接结合和间接结合两种形式。直接结合是指人与物之间不通过媒介物而直接发生关联的一种结合状态，操作者需要某物件时能直接拿取，不存在因寻找物件而发生时间的耗费。如装配的零部件和所用的工量检具等位于操作者周围，随手可得。间接结合是指人与物呈分离状态，为使其结合则需要信息媒介的指引。信息媒介的准确可靠程度直接影响人和物结合的效果。

按照人与物结合的有效程度，可将结合状态分为良好、不良和无关三种形式。良好状态是指人与物处于能够立即结合并发挥效能的状态。例如需要装配的零部件就在操作者周围，摆放合理有序而且位置固定，操作者需要时能立即拿到或做到得心应手。不良状态是指人与物处于寻找状态或尚不能很好发挥效能的状态。例如操作者需要使用某种工具时，由于工具摆放杂乱且没有明确标识，或因工具没有防止在工作场所周围而使操作者忘记该工具放在何处，需要花费一定的时间来寻找。又如零部件放置不合理，散放在地上，每次装配时都需要弯腰取用，既浪费工时，又增加了操作者的劳动强度。无关状态是指人与物没有联系的状态，这种物品与生产无关，不需要人与该物结合。例如，生产现场中存放的已报废的水杯、工具、模具，生产中产生的垃圾、废品、切屑等。这些物品放在现场，必将占用作业面积，而且影响操作者的工作效率和安全。定置管理就是要通过相应的设计、改进和控制，消除无关状态，改进不良状态，使之成为良好状态，并长期保持下去。

7.2.3 信息流分析

生产中使用的物品种类多、规格杂，它们不可能都放置在距操作者很近的位置，如何找到各种物品，需要一定的信息来指引；许多物品在流动中是不回归的，它们的流向和数量也要有信息来指导和控制；为了便于寻找和避免混放物品，也需要使用标识信息。信息是通过一定的媒介来传递的，信息媒介在人、物与场所的混合过程中起着指导、控制和确认等作用。完善而准确的信息媒介，可以使人、物和场所处于有效结合状态。

人、物和场所的结合，需要有四个信息媒介物。一是位置台账，它表明"该物在何处"，通过查看位置台账，可以了解所需物品的存放场所。二是平面布置图，它表明"该处在哪里"，在平面布置图上可以看到物品存放场所的具体位置。三是场所标志，它表明"这儿就是该处"，是存放该物品的场所，场所标志通常用名称、图示和编号等表示。四是现货标示，它表明"此物即该物"，它是物品的自我标示，一般用各种标牌表示，标牌上有货物本身的名称及有关事项。在寻找物品的过程中，人们通过第一个、第二个媒介物被引导到目的场所，通过第三个、第四个媒介物来确认需要结合的物品。因此，称第一个、第二个媒介物为引导媒介物，第三个、第四个媒介物为确认媒介物，四个信息媒介物缺一不可。

建立人、物和场所之间的连接信息，是定置管理技术的特色。能否按照定置管理的要求，建立、健全完善的连接信息系统，并形成通畅的信息流，有效地引导和控制物流，是定置管理推行成败的关键。

7.2.4 定置设计

定置设计就是统筹规划各场地（厂区、车间、仓库），确定各物品（设备、机台、货架、箱柜、工位器具等）的放置和标识的过程。定置设计主要包括定置图设计和信息媒介物设计两项内容。

1. 定置图设计

定置图是对生产现场物品进行定置，并通过调整物品位置来改善场所中人与物、人与场所、物与场所相互关系的综合布置图，其种类有室外区域定置图、车间定置图、作业区定置图、生产管理用房定置图（见图7-12）和特殊要求定置图（如工作台面、工具箱内以及对安全、质量有特殊要求的物品定置图）。

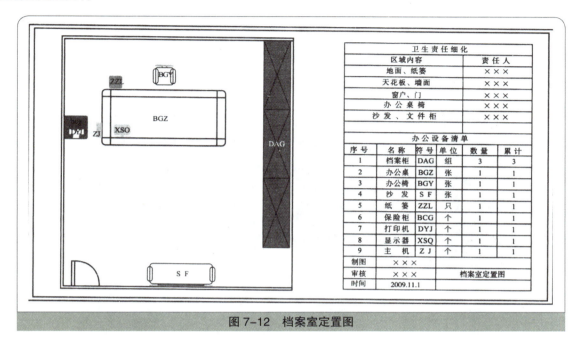

图7-12 档案室定置图

绘制定置图的原则是：现场中的所有物品均应绘制在图上；定置图应简明、扼要、完整，物形为大概轮廓，尺寸按比例缩放，相对位置准确，区域划分清晰；生产现场暂时没有，但已定置并决定制作的物品，应在图上表示出来，准备清理的无用之物则不得在图上出现；定置物可用标准信息符号或自定信息符号进行标注，并均在图上加以说明；定置图应按规定定置管理标准的要求绘制，但应随着定置关系的变化而进行修改。

2. 信息媒介物设计

信息媒介物设计包括信息符号设计和示板图、标牌设计。

在推行定置管理时，进行工艺研究、划分区域场所、分析物品放置位置时都需要运用各种信息符号形象、直观地表达现场状态。企业应根据实际情况设计和应用有关信息符号，并纳入定置管理标准。在设计信息符号时，有国家标准的（如安全、环保、搬运、消防、交通等）应直接采用标注，没有规定的则由企业根据行业特点、产品特点、生产特点进行设计，信息符号应简明、形象、美观。

定置示板图是现场定置情况的综合信息标志；标牌是指示定置物和所处状态、区域和定置类型的标志，包括建筑物标牌、货架和货柜标牌、原材料和在制品标牌、成品标牌等。生产现场、库房、办公室及其他场所都应悬挂示板图和标牌，各类定置物、区（点）应使用不同的颜色标示。

7.2.5 定置实施

定置实施是将设计付诸实践的阶段，也是定置管理工作的重点。第一步应对生产现场物品进行整理，清除所有与生产无关的物品。第二步是实施定置，各车间、部门按照定置图的要求，将生产现场的设备、器具、材料等物品进行分类、运转、调整并予定位，推车、转运车等可移动物也要定置到适当位置。定置的物要与图相符，要求位置正确、摆放整齐、储存有器具。第三步是放置标准信息铭牌，放置时要做到牌、物、图相符，设专人管理，不得随意挪动，放置位置以醒目和不妨碍生产操作为原则。

定置实施应做到有图必有物、有物必有区、有区必挂牌、有牌必分类；按图定置，按类存放，账、图、物一致。图7-13所示为定置管理实施前后生产现场的对比图片。

图7-13　定置管理实施前后生产现场对比

7.2.6　检查与考核

定置管理的一条重要原则就是持之以恒，只有这样才能巩固定置成果，不至于半途而废。必须建立定置管理的检查、考核制度和办法，并按标准进行奖罚，以实现定置管理的长期化、制度化和标准化。

定置管理的检查与考核一般分为两种类型：一是定置后的验收检查，检查不合格的不予通过，必须重新定置，直到合格为止；二是定期对日常的定制管理工作进行检查与考核，这类检查与考核比定置后的验收检查工作更为复杂，更为重要。

定置考核的基本指标是定置率，它表明生产现场中必须定置的物品已经实现定置的程度。其计算公式为

$$定置率 = \frac{实际定量的物品个数}{定置图规定的个数} \times 100\%$$

通过定置考核，奖优罚劣，促使员工养成良好的工作习惯，使定置管理工作得到真正的贯彻落实。

7.3 目视管理

7.3.1 目视管理的定义

目视管理是利用形象直观又色彩适宜的各种视觉感知信息来组织现场生产活动,达到提高劳动生产率目的的一种科学管理方法。

目视管理以公开化和视觉显示为特征,对现场生产活动起指导作用和约束作用的信息都在现场以目视化的手段表现出来,同时通过必要的手段使生产中的问题明显化。目视管理能够让员工用眼看出作业规范和要求以及生产过程是否正常,并迅速地做出判断和决策。

与其他管理方法相比,目视管理具有三个主要特点:一是形象直观,容易识别,无论是谁都能明白作业要求、判明是好是坏(异常);二是信息透明度高,员工能够迅速做出判断;三是判断精度高,判断结果不会因人而异。

7.3.2 目视管理的信息媒介

目视管理的信息媒介主要有标志线、标志牌、信号显示装置、指导书、色彩管理和管理图板等。

标志线用于指示各区域的边界线或分界线,如各种通道都要有明显的界线,对主要通道要有车行道和人行道标志线,对装配现场要画出作业区域界线和各类物品存放区界线。

标志牌多种多样,主要用于对现场进行说明和标示,例如有指示生产线的、有表示在制品储备的、有表示安全注意事项的、有设备工装标志牌等。

信号显示装置主要有要货信号灯、警示灯、看板和生产情况显示板等,用于直观地显示生产和设备的运行状态。

指导书是用于说明操作的基本要求和方法的工艺文件,如作业指导书、设备点检卡等,主要用于指导各类人员的作业。

色彩管理是目视管理的重要内容,企业都有自己的色彩管理标准。常用红色表示禁止、停止的意思,禁止、停止、有危险的机器设备或环境以红色标识,如消防设备等。黄色表示注意、警告的意思,需警告人们注意的设备或环境涂以黄色标识。蓝色表示指令、必须遵守的意思,如必须佩戴个人防护用品,交通指示标志灯指令一般以蓝色标识。绿色表示通行、安全和提供信息的意思,如表示通行、机器的启动按钮、安全信号等一般以绿色标识。

管理图板有整体活动管理板、作业安排板、进货时间管理板、考勤管理板、人员配置板、工具交换管理板等,主要用于生产的组织管理。

7.3.3 目视管理的对象与基本方法

目视管理的对象包括构成工厂的全部要素，如服务、产品、半成品、原材料、零配件、设备、工夹具、模具、计量具、搬运工具、货架、通道、场所、方法、票据、标准、公告物、人、心情等。对其进行归纳，实际上就是人、机、料、法、测、环（5MIE）六类因素。任何与5MIE有关的可能异常问题，都必须使之可视化。

在不同的工作现场中，目视管理的关注对象是有所区别的。一般来说，企业可将目视管理的重点放在生产和办公现场的物品、作业、设备、品质和安全等管理中。

1. 作业人员

作业人员的配备、工作质量和业绩、技能水平、工作方法、劳动纪律、制度执行等都可以实现"可视化"。如可将作业人员的合理化提案数量、装配差错率、质量改进活动参与率、请假缺勤次数、技能等级和岗位培训情况等予以公示。生产线上当班人员的请假情况和代班情况也应在现场公示，以利于生产管理和调度。

2. 机器设备

机器设备和工装器具等的类别、布局、性能、操作规程、运行状态、维护管理等都可以通过各种颜色或标识进行管理。

生产线上的机器设备一般设计有自动化及防备装置，一旦有故障或错误发生，机器应该自动停止，并通过一定的方式显示停止的原因和目前的状态。设备和生产管理人员看到一台停止运行的机器时，应能明确看出是计划性停机、因生产设置而停机、因质量问题而停机、因机器故障而停机，还是因预防维护而停机。

在设备管理方面，重要设备的操作规程、维护表等应该张贴于设备现场，润滑油的液位、更换的频率和润滑剂的类别，都要标示出来。

图7-14 所示为使用颜色来表示设备类别的实例，用不同颜色代表管道中的不同介质，并且用箭头清晰地标出介质的流向。

图7-14 设备目视管理

3. 材料与产品

为使现场管理人员了解物料的流动是否顺畅、材料数量是否满足要求等，应将库存数量和最低限额等展示于看板上，或以颜色表示库存状态，作为前后流程之间生产指令的沟通工具。发生物料短缺等异常现象时，可以使用信号灯或蜂鸣器提醒。物料储存的位置和适用范围也要明确标示，并且要标明数量和料号，可以用不同的颜色进行区分，以防失误。

图 7-15 所示为对文件和办公用材料的类别和适用范围进行目视管理。企业的不同部门都有不同的空白表格，在空白表格的放置区用不同颜色加以标记，红色代表人力资源部门，粉色代表财务部门，绿色代表业务部门。同时用不同的颜色和文字表示不同种类报纸的放置区，防止乱拿乱放。

图 7-16 所示为目视管理在产品和在制品的品质管理中的应用，贴有白色胶带的①箱表示等待检查，贴有红色胶带的②箱表示经检验不合格，贴有绿色胶带的③箱表示合格产品，通过胶带颜色即可判断出物品状态。

图 7-15　文件和办公材料目视管理

图 7-16　品质目视管理

4. 方法

对作业方法实行目视管理的典型应用，就是将作业要领书及作业标准书陈列在工作现场，作业人员可以随时查看和学习。标准书上要注明工作的顺序、周期时间、安全注意事项、质量查核点，以及变异发生时如何处置。

如图 7-17 所示，在阀门上标出阀门的开关方向，避免操作人员由于记忆错误而导致开错阀门或者关错阀门。

5. 测量

为快速、准确地检验零部件，应该对量规进行醒目标示。为使操作人员及时快速地判断工艺过程是否正常，可以用不同的颜色标识仪表的不同指示区间，如压力正常、过低、过高等（见图 7-18）。

图 7-17 作业方法目视管理

图 7-18 测量参数目视管理

6. 环境

目视管理在现场作业环境上的典型应用是现场和设备的安全管理，如图 7-19 所示，在有可能造成人身伤害的设备上或者事故隐患地段的明显位置张贴安全告示，或者标示出危险区域，提醒工人在操作过程中注意和避开危险。通过目视管理，可以强化工作现场的规范操作，降低事故的发生率。

图 7-19 安全目视管理

7.4 看板管理

7.4.1 准时制生产与看板管理

准时制（Justin Time，JIT）生产是 20 世纪 60—80 年代，日本丰田汽车公司为适应汽车行业多品种小批量混合生产所创立的一种生产模式，是继泰勒科学管理和福特的流水生产线之后的又一革命性的企业管理模式。它是指在需要的时刻，按需要的数量生产所需要的产品（或零部件）的生产模式。其目的是加速零部件的流转，将资金的积压减少到最低限度，从而提高企业的生产效益。看板（来自日语"看板"，日语罗马拼写"Kanban"，原名"传票卡"）管理，是准时制生产方式控制现场生产流程的工具，是丰田生产模式中的重要概念，也是目视管理的有效手段之一。

准时制生产与大批大量生产的福特模式有很大区别，福特模式是在每一道工序一次生产大批量零件，并将其在中间仓库或半成品库中存放一段时间，然后运送到下一道工序。而准时制生产则是以市场需求为依据，采用"拉动（Push）"式的生产模式，准时地组织各个环节进行生产，既不超量也不超前，以总装配拉动总成总配，以总成拉动零件加工，以零件拉动毛坯生产，以主机厂拉动配套厂生产。在生产过程中，工序间的零件是小批量流动，甚至是单件流动的，配合定量、固定装货容器等方式，使生产过程中的物料流动顺畅，在工序间基本不存在积压或者完全没有堆积的半成品。

1. 准时制生产的基本原则

（1）物流准时原则。要求在需求物料时，能够在规定的时间内，一般指 15~30 min 内，所有的物料按照需要的规格、规定的质量水平和所需的数量，按规定的方式送到生产现场，或在指定的地点能提取货物。

（2）管理准时原则。要求在管理过程中，能够按照管理规定及时搜集、分析、处理和应用所需的信息和数据，并作为指令来进行生产控制。

（3）财务准时原则。要求在市场需求的供货时间内，能够及时按照需求额度调拨并运用所需的周转资金，保证企业生产的正常运行。

（4）销售准时原则。要求在市场需求的供货时间内，及时组织货源和安排生产，按照订单或合同要求的品种和数量销售和交付产品，满足顾客的需求。

（5）准时生产原则。要求在市场需求时，能够在需要的时间内生产必要数量和满足质量要求的产品和零部件，杜绝超量生产，消除无效劳动和浪费，达到用最少的投入实现产品生产的目的。

2. 准时制生产的基本目标

准时制生产将降低成本作为基本目标，而将获取最大利润作为企业经营的终极目标。单一品种大批量生产模式通过产品生产的规模效应来实现降低成本的目的,但是这种措施不能应用于多品种中小批量生产模式。在多品种中小批量混合生产模式下,目前最有效降低成本的措施就是采用准时制生产方式。

在准时制生产方式下,通常认为浪费是由管理不良引起的,任何对产出没有直接效益的活动均被视为浪费,包括生产过剩、不必要的搬运活动、额外的设备、存货、不良品的重新加工等。为了减少甚至彻底消除无效劳动和浪费,准时制生产的最终目标是通过"零缺陷、零准备、零库存、零搬运、零故障停机、零提前期和批量为一"的生产方式,实现企业利润的最大化。

7.4.2 看板的功能

1. 传递生产及运送工作指令

传递生产及运送工作指令是看板最基本的功能。采用准时制生产方式的企业,一旦主生产计划确定,就会向总装车间下达生产指令,然后总装车间又向前面的各工艺车间下达生产指令,最后向仓库管理部门、采购部门下达相应的指令。在生产线上,也需要从后一道工序逐级向上一道工序传递信息。这些生产指令和信息的传递都是通过看板来完成的,看板的信息包括零件号码、品名、数量、制造编号、容器模式、容器容量、看板编号、移往地点、搬运工具、零件外观等。

2. 防止过量生产和过量运送

根据看板使用规则,各工序如果没有看板,就既不进行生产,也不进行运送;看板数量减少,则生产量也相应减少。由于看板所标示的只是必要的量,因此运用看板能够做到自动防止过量生产、过量运送。

3. 进行目视管理的工具

看板都附着在实物上,作业现场的管理人员通过观察看板取下的顺序就可以了解生产的先后顺序,通过看板所表示的信息,就可知道后工序的作业进展情况、本工序的生产能力利用情况、库存情况以及人员的配置情况等。

4. 现场管理改善的工具

看板的改善功能主要通过减少看板的数量来实现。看板数量的减少意味着工序间在制品库存量的减少。如果在制品存量较高,即使设备出现故障、不良产品数目增加,也不会影响到后工序的生产,所以容易遮盖问题。在准时制生产方式中,通过不断减少看板数量来减少在制品库存,就使得上述问题不可能被无视,促使各种问题得到及时解决。

7.4.3 使用看板的规则

看板是准时制生产方式中独具特色的管理工具,看板的操作必须符合规范,否则就起不到应有的效果。

（1）后工序只有在必要的时候，才向前工序领取必要数量的零部件。为满足此要求，需要保证平稳的生产、合理的车间布置和工序标准化。

（2）前工序应当及时适量地生产后道工序所需的产品。如果同时生产几种不同的产品，则生产必须严格按照看板订货或接收的顺序进行。

（3）不将不良产品送往后工序。后工序没有库存，废次品送到下道工序，会造成后道工序因无合格零件而停产待料，从而使整条生产线瘫痪。

（4）看板的使用数目应该尽量减少。看板的数量代表零件的最大库存量，应该使库存量降至最低。

（5）看板应起到对生产幅度的微调作用。生产计划的变更只需提供给总装线，其余各工序只要根据所接收到的看板的变化，就可及时响应市场需求的微小变化。

（6）看板必须附在实物上存放，没有看板不能生产也不能运送。

7.4.4 看板的种类与使用

根据功能和作用的不同，看板总体上分为三大类，即传送看板、生产看板和临时看板。传送看板标明后一道工序向前一道工序拿取工件的种类和数量，而生产看板则标明前一道工序应生产的工件种类和数量，临时看板用于一些突发事件和临时事件。三类看板又各自包含几种看板，如图7-20所示。

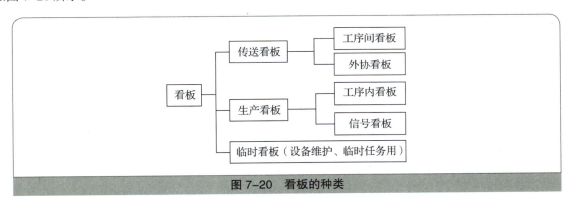

图7-20 看板的种类

1. 工序间看板

工序间看板是指工厂内部后工序到前工序领取所需的零部件时所使用的看板。典型的工序间看板，前工序为零部件2号，本工序为总装3号，所需要的是零部件号为A31-427的支承座，如表7-6所示。根据看板就可到前一道工序领取。

表7-6 典型的工序间看板

前工序零部件2号	工件号：A31-427 工件名称：支承座 箱型：B型（蓝色）	使用工序总装3号
出口位置 6E21	标准箱容量：20 看板编号：3号/5	入口位置 4C3

第7章 总装生产现场管理

工序间看板挂在从前工序领来的零部件的周转箱上，当该零部件被使用完毕后，取下看板并放到设置在作业场地的看板回收箱内。看板回收箱中的工序间看板所表示的意思是"该零件已被使用，请补充"。现场管理人员定时来回收看板，集中起来后再分送到各个相应的前工序，以便领取需要补充的零部件。前工序则只生产被这些看板所领走的量，"后工序领取"及"适时适量生产"就是通过这些看板来实现的。

在使用看板时，每一个看板只对应一种零部件，每种零部件总是存放在规定的、相应的周转箱内。因此，每个看板对应的周转箱也是一定的。

2. 外协看板

外协看板是与外部的协作厂家之间生产联系所使用的看板，看板信息有进货单位名称、进货时间、每次进货的数量等。外协看板与工序间看板类似，只是"前工序"不是内部工序而是供应商。为保证准时制生产的顺利进行，公司一般会要求供应商也推行准时制生产方式。

外协看板的摘下和回收与工序间看板基本相同，回收以后按各协作厂家分开，等各协作厂家来送货时由他们带回，成为该厂下次生产的指令。在这种情况下，该批产品的到货将至少延迟一回以上。因此，需要按照延迟的回数发行相应数量的看板，这样才能使准时制生产的循环正常进行。

3. 工序内看板

工序内看板是指制造装配工序所使用的看板，这种看板用于装配线以及即使生产多种产品也不需要实质性的作业更换时间（作业更换时间接近于零）的工序，例如机加工工序等。典型的工序内看板如表7-7所示。

表7-7 典型的工序内看板

要（允许放置）		工序	前工序——本工序	
			机加1	机加2
		工件号	B220-238	
		工件名称	中间轴	
管理号	N-2	标准箱容量	15	发行张数	3/4

工序内看板必须附着于实物，与产品一起移动。后工序来领取中间品时摘下挂在产品上的工序内看板，换上领取用的工序间看板。然后，该工序按照看板被摘下的顺序以及这些看板所标示的数量进行生产。如果摘下看板数量变为零，则停止生产，这样既不会延误也不会产生过量的储存。

4. 信号看板

信号看板是在成批生产的工序之间所使用的看板，例如树脂成形工序、模锻工序等。信号看板挂在成批制作出的产品上,当该批产品的数量减少到基准数时摘下看板,送回到生产工序,然后生产工序按该看板的指示开始生产。没有摘牌则说明数量足够,不需要再生产。另外,从零部件出库到生产工序,也可利用信号看板来进行指示配送。

5. 临时看板

临时看板是在进行设备维修、临时任务或需要加班生产时所使用的看板。与其他种类看板不同的是,临时看板主要是为了完成非计划内的生产或设备维护等任务,因而灵活性比较大。

参 考 文 献

［1］李香桂，霍守成．汽车装配技术［M］．南京：南京大学出版社，2013．
［2］李秋燕，范家春．汽车总装［M］．北京：机械工业出版社，2014．
［3］杨旭，吴书豪．汽车装配与调试［M］．天津：天津科学技术出版社，2013．
［4］刘敬忠．汽车装配与调试技术［M］．北京：人民交通出版社，2015．
［5］蹇小平，麻友良．汽车电器与电子技术［M］．北京：人民交通出版社，2006．
［6］罗美菊，黎桂荣．汽车整车装配与调整［M］．北京：电子工业出版社，2014．